Andreas Schlüter
Der Ring der Gedanken

Andreas Schlüter, Jahrgang 1958, arbeitet als Fernseh-journalist und freier Autor in Hamburg. Sein Erfolg als Schriftsteller begann mit dem spannenden Computerkrimi ›Level 4 – Die Stadt der Kinder‹, dem mit ›Der Ring der Gedanken‹, ›Achtung, Zeitfalle‹ und ›Jagd im Internet‹ noch drei weitere Bände folgten. Weitere Titel von Andreas Schlüter bei <u>dtv</u> junior: siehe Seite 4

Andreas Schlüter

Der Ring
der Gedanken

Deutscher Taschenbuch Verlag

Von Andreas Schlüter sind außerdem bei dtv junior lieferbar:
Heiße Spur aus Afrika, dtv junior 70430
Level 4 – Die Stadt der Kinder, dtv junior 70459
Achtung, Zeitfalle!, dtv junior 70538
Die Fernsehgeisel, dtv junior 70660
(erscheint Juli 2001)

Ungekürzte Ausgabe
In neuer Rechtschreibung
5. Auflage Mai 2001
1998 Deutscher Taschenbuch Verlag GmbH & Co. KG,
München
www.dtvjunior.de
© 1995 Altberliner Verlag, Berlin–München
ISBN 3-357-00670-7
Umschlagkonzept: Balk & Brumshagen
Umschlagbild: Karoline Kehr
Gesetzt aus der Futura 11½ / 13·
Gesamtherstellung: Kösel, Kempten
Printed in Germany · ISBN 3-423-70475-6

Ein guter Tausch

»Verdammter Mist!«, fluchte Ben vor sich hin.

Es war das fünfzehnte Mal, dass er versuchte seinen neuen Drachen steigen zu lassen. Aber der dachte überhaupt nicht daran, groß und prächtig in die Lüfte zu fliegen. Ben rannte sich die Lunge aus dem Leib, zog wild an der Leine, aber immer, wenn der Drachen einige wenige Meter aufgestiegen war, drehte er sich wie ein Propeller um sich selbst und krachte im Sturzflug auf die Wiese.

Dabei hatte Ben es sich so schön vorgestellt, als er zusammen mit seinem besten Freund Frank den Drachen gebastelt hatte. Sorgfältig, Schritt für Schritt, hatte er die Anleitung aus dem Bastelbuch befolgt. Da konnte gar nichts schief gehen. Liebevoll hatte er den grün-schwarzen Drachen zum Schluss noch mit seinen schönsten Abziehbildern versehen und eine extra lange Schnur daran befestigt.

Zu allem Überfluss war Bens Meisterwerk jetzt auch noch in eine Baumkrone gerast. Da hing er nun, der schöne Drachen mit den originellsten Aufklebern, mitten in den Zweigen. Ben fluchte noch einmal ordentlich vor sich hin.

»Ich habe dir ja gleich gesagt, die vielen Aufkleber bringen den Drachen aus dem Gleichgewicht«, sagte Frank.

»Ja, ja, du hast mal wieder alles vorher gewusst«, maulte Ben wütend zurück.

Das Letzte, was Ben in diesem Augenblick gebrauchen konnte, waren kluge Sprüche von Frank – auch wenn er vermutlich Recht hatte. Denn Frank hatte seinen pink-schwarzen Drachen nach der gleichen Anleitung gebaut wie Ben, nur auf die zwanzig Plastikaufkleber verzichtet. Franks Drachen flog. Und wie!

Am meisten ärgerte Ben, dass eigentlich er der Mathematiker, der logisch Denkende von beiden war. Mathematik und Physik waren Bens Lieblingsfächer. Ohne große Anstrengungen stand er in beiden glatt auf Eins. Bei Frank aber verging kaum eine Klassenarbeit, in der er sich nicht zuvor Hilfe von Ben holte, mühsam übte um gerade noch eine Drei zu schaffen.

Frank war dafür ein echtes Sport-Ass. Es gab wohl kaum eine Sportart, die er nicht beherrschte. Sicher gab es in der ganzen Schule niemanden, der so viel sportliches Talent besaß wie Frank.

Aber jetzt musste Ben sich ausgerechnet von ihm, der sportlichen Mathematik-Niete, erklären lassen, welche statischen Fehler sein Drachen hatte.

Stocksauer stapfte Ben zu dem Baum, in dem sein Drachen noch immer traurig den Kopf hängen ließ. Natürlich hatte sich die Drachenschnur hundertfach in den Zweigen und Ästen verwickelt. Wollte er seinen Drachen retten, musste er auf den Baum klettern; die Schnur würde er wohl abschneiden müssen.

»Soll ich dir den Drachen runterholen?«, rief Frank ihm hinterher. »Ich kann doch besser klettern als du.«

»Nein!«, zischte Ben.

Frank hatte es nur gut gemeint. Natürlich konnte Frank besser klettern, aber Ben konnte jetzt nichts mit seiner Hilfsbereitschaft anfangen. Wenn die Mathe-Niete ihm etwas über Statik erzählte, dann wollte *er*, die sportliche Null, beweisen, dass auch er auf einen Baum kam.

Ben sprang am Stamm hoch, so dass er den untersten dicken Ast mit beiden Händen fassen konnte. Wie an einer Turnstange hing er jetzt da, während seine Füße umständlich nach einem Halt an dem dicken Baumstamm suchten.

Schließlich fand er eine kleine Erhebung im Stamm, aber die war zu hoch. Als Ben sich mit dem linken Fuß darauf abstützte, hing er – Hände am Ast, Füße am Stamm – so unglücklich waagerecht in der Luft, dass es unmöglich war, die Hände frei zu bekommen um nach dem nächsthöheren Ast zu greifen. Ben versuchte es trotzdem und stürzte – wie vorher sein Drachen – purzelnd auf die Wiese. Wütend riss er einen Grasbüschel aus dem Boden und warf ihn gegen den Baum.

Wie ein nasser Sack, dachte Frank, der Ben aus der Ferne beobachtete. Auf seinen Drachen brauchte er nicht mehr Acht zu geben. Der stand ruhig und stolz hoch oben in der Luft, so als wäre er an den blauen Himmel genagelt.

Ben richtete sich auf, unternahm einen neuen Versuch und scheiterte wie das erste Mal. Stöhnend rieb er sich den schmerzenden Hintern. Noch ein paar solcher Stürze und sein Po würde die gleiche grüne Farbe annehmen wie die eine Hälfte seines Drachens. Trotzdem machte er sich unverdrossen an den dritten Versuch.

»Nicht so!«, brüllte Frank. »Zieh dich mit einem Klimmzug an dem Ast hoch!«

»Was?«, rief Ben zurück.

»Klimmzug und dann in die Stütze!«, schrie Frank.

»Halt's Maul!«, antwortete Ben – und befolgte Franks Rat. Es funktionierte.

Einen kurzen Moment überlegte Ben, ob er sich freuen sollte, dass er jetzt endlich im Baum war, oder sich lieber darüber ärgern, dass Frank schon wieder Recht gehabt hatte. Er entschied sich fürs Freuen und hangelte sich auf gleiche Weise zum nächsten Ast.

Von nun an war es kein Problem mehr. Die vielen Äste und Zweige boten sich fast wie Treppenstufen hinauf in die Baumkrone an. Im Nu war Ben bei seinem Drachen angekommen, ganz oben im Baum.

Ben setzte sich auf einen dicken Ast um etwas zu verschnaufen. Ein wenig stolz war er auf sich. Ganz allein war er auf diesen hohen Baum geklettert. Na ja, fast ohne Hilfe. Denn ohne Franks Rat hätte er vermutlich, wie so oft zuvor, den Versuch einfach aufgegeben. Genau genommen hatte er es noch nie geschafft, so hoch auf einen Baum zu kommen.

Das wurde Ben klar, als er einen Blick nach unten wagte. Es waren mindestens fünf Meter bis zum

Boden. Ihm wurde ein wenig schwummerig vor den Augen. Schnell schloss er sie und atmete einige Male tief durch.

Er war jetzt dreizehn Jahre alt. Da musste es doch möglich sein, mal auf einen Baum zu klettern, ohne dass einem gleich schlecht wurde, dachte er.

Er zwang sich, wieder nach unten zu schauen. Tatsächlich ging es schon besser. Das schwummerige Gefühl verschwand allmählich.

Ben fühlte, wie eine wohlige Sicherheit in ihm aufstieg. Zufrieden blickte er sich um. Durch die gelblichen Herbstblätter hindurch sah er Frank, der ihm aus der Entfernung zuwinkte und anerkennend seinen Daumen emporstreckte.

Ben lächelte. Ihm fiel ein, dass er eben wohl ein bisschen grob zu Frank gewesen war. Aber der würde das verstehen. Dafür war Frank ja schließlich sein bester Freund. Ben winkte zurück.

Frank verstand das Signal und grinste ihm entgegen, was Ben allerdings über fünfzig Meter Entfernung kaum sehen konnte. Aber das machte nichts. Ben fühlte, dass zwischen ihnen wieder alles in Ordnung war.

Vorsichtig stand Ben auf und hockte sich auf den Ast, auf dem er eben noch gemütlich gesessen hatte, um an seinen Drachen zu gelangen. Er griff in die Hosentasche und fingerte sein Schweizer Taschenmesser heraus, das er vor zwei Jahren von seinem Vater geschenkt bekommen hatte.

Einmal im Monat besuchte er seinen Vater, der am anderen Ende der Stadt wohnte. Sonst lebte er mit seiner Mutter alleine, seit sich seine Eltern vor fünf Jahren getrennt hatten.

Gerade wollte Ben die Schnur seines Drachens greifen um sie abzuschneiden, als ihn irgendetwas blendete. Er schrak kurz zurück und beugte sich erneut in die gleiche Stellung vor. Wieder stach ihn ein heller Blitz in die Augen. Ben schirmte sein Gesicht mit der flachen Hand ab und sah sich um, um herauszufinden, woher der helle Strahl kam.

Da! Gut einen Meter entfernt, schräg unter ihm, blitzte etwas aus einem Vogelnest!

Behutsam hangelte Ben sich an den Ästen entlang zu dem Nest. Unglaublich! Das war ja eine funkelnde Schatzkammer! In dem Nest lagen ein kleiner silberner Teelöffel, ein blanker Kronkorken, ein Stückchen Aluminiumfolie und ein goldener Ring mit einem leuchtenden gelben Stein. Das Nest einer Elster!

Ben erinnerte sich, wie er in einem seiner Bilderbücher einmal eine Geschichte von einer diebischen Elster gelesen hatte. Besser gesagt: Seine Mutter hatte ihm die Geschichte vorgelesen und er hatte die Bilder dazu betrachtet. Damals konnte Ben noch nicht lesen. Er erinnerte sich, dass er seine Mutter gefragt hatte, ob Elstern wirklich glitzernde Dinge stehlen. Das konnte Ben sich niemals vorstellen. Doch jetzt sah er es mit eigenen Augen.

»Was ist denn nun, Ben? Willst du da oben anwachsen, oder was?«

Frank stand unten am Baum. Er hatte seinen Drachen inzwischen eingeholt und schaute nach, was sein Freund so lange dort oben machte. Vielleicht brauchte er Hilfe?

»Mensch, Frank! Das musst du dir ansehen!«, rief Ben von oben herunter.

Frank sprang an dem Ast hoch. Wie ein Affe im Tierpark huschte er mit wenigen geschickten Zügen durch die Äste und saß in null Komma nix oben in der Baumkrone neben Ben.

»Schau dir das an«, sagte Ben voller Bewunderung.

Er hielt einen goldenen Ring in der Hand, an dem ein großer, flacher, viereckiger, gelber Stein in einem goldenen Rahmen eingefasst war. Der Stein schimmerte durchsichtig und irgendetwas glitzerte silbern durch ihn hindurch. Er sah fast ein bisschen aus wie Glas, in das noch etwas eingeschlossen war.

Ben hielt den Ring gegen das Licht und betrachtete den Stein genau. Das glitzernde Silber in dem gelben Stein erinnerte ihn an Lötstellen. Er drehte den funkelnden Ring in seiner Hand und probierte ihn anzustecken. Über seinen Mittelfinger passte er.

»Sieht stark aus, oder?«, fragte Ben und hatte sich sogleich entschieden: »Den behalte ich. Die Elster hat ihn ja schließlich auch nur geklaut.«

Frank lachte. »Gut!«, sagte er. »Dann nehme ich den Löffel mit. Soll die diebische Elster doch mal sehen, wie es ist, wenn man beklaut wird.«

Ben kicherte vor sich hin. »Hauptsache, sie hetzt uns nicht die Vogelpolizei auf den Hals.«

»Ja, genau«, fiel Frank ein. »Eine ganze Armee

voller Geier und Adler. Mit Helmen und Blaulicht auf den Köpfen.«

Frank und Ben saßen im Baum und bogen sich vor Lachen. Ben musste aufpassen, dass er nicht den Halt verlor.

Plötzlich unterbrach ein lautes Rascheln das Lachen der beiden. Ben und Frank blickten erschreckt auf. Drei Raben flatterten durch die Baumkrone direkt auf sie zu.

»Die Geheimpolizei!«, kreischte Frank und sprang zwei Äste tiefer.

Ben zuckte zusammen, kam ins Wanken und konnte sich gerade noch an einem Zweig festhalten.

»Mensch, Frank, du Blödmann!«, schimpfte er. »Ich fall noch hier runter wegen deinen blöden Witzen.«

Frank war jetzt so richtig in der Laune, albern zu sein. »Na, wenn du dich mit den schwarzen Sheriffs anlegen willst. Ich nicht«, antwortete er und kletterte weiter hinab.

Die Raben hüpften auf den Zweigen näher an Ben heran, als wollten sie genauer nachschauen, was für zwei komische Vögel sich da in ihren Baum verirrt hatten. Da wurde es Ben doch etwas mulmig und auch er begann hinabzusteigen.

Frank stand schon unten auf dem Rasen und beobachtete, wie Ben sich langsam an den Ästen hinuntertastete. Von oben begutachteten die drei Raben Bens umständliche Kletterei.

Sie schienen sich zu fragen, warum er nicht einfach davonflog.

»Was ist denn mit deinem Drachen?«, fragte Frank, während Ben sich noch hinunterhangelte.

»Den überlasse ich der Elster, als Dank für den schönen Ring«, antwortete Ben. »Er fliegt ja ohnehin nicht. Ich glaube, ich bastel mir einen neuen – ohne Aufkleber.«

Ben sprang vom letzten Ast hinunter und landete direkt neben Frank.

»Ist doch ein gutes Geschäft, oder? Möchte wissen, ob der Ring etwas wert ist.«

»Klar«, ergänzte Frank mit ernster Miene. »Zusammen mit zwei Kaugummikugeln bestimmt fünfzig Pfennig.«

Kichernd und albernd trödelten die beiden Jungs nach Hause.

Erste Überraschungen

»Pass auf!«, schrie Ben. Er riss Frank beiseite, so dass dieser nach hinten wegkippte und fast hingefallen wäre.

»Was ist?«, konnte Frank noch verdutzt fragen, als im gleichen Moment ein tonnenschwerer Lastwagen um die Ecke gerauscht kam und über den Zebrastreifen donnerte, den Frank gerade hatte betreten wollen.

Entsetzt sah Frank dem LKW hinterher.

»Hast du das gesehen?«, stammelte er. »Er ist einfach über den Zebrastreifen gerast. Dabei hatten wir doch Grün!«

Auch Ben zitterten die Hände. Wenn er Frank nicht im letzten Moment von der Straße weggerissen hätte, wäre der Lastwagen glatt über Frank hinweggerast. Ben sah geistesabwesend dem Wagen hinterher, der schon um die nächste Straßenecke bog und verschwand.

»Gut, dass du den Laster gesehen hast«, sagte Frank. »Danke!«

Ben wandte seinen Kopf langsam zu Frank. Kreidebleich sah er ihn an.

»Ich habe den Lastwagen nicht gesehen«, hauchte er. »Ich habe ihn geahnt.«

»Das ist ja wohl die Höhe!«, schimpfte eine Stimme hinter den beiden Jungen.

Sie drehten sich um. Eine ältere Frau fuchtel-

14

te wild mit ihrem Regenschirm in der Luft herum.

»Ich habe das genau gesehen. Der LKW-Fahrer ist einfach hier durchgerast. Der hatte doch Rot! Man sollte solche Leute einsperren. Erst vor einem halben Jahr ist hier ein Kind überfahren worden.«

Ben konnte dem Redeschwall der Frau nicht folgen. Ihm geisterte noch immer durch den Kopf, was gerade passiert war: Er war ruhig neben Frank auf den Zebrastreifen zugegangen. Sie hatten sich unterhalten. Beide hatten die grüne Fußgängerampel gesehen. Plötzlich war ein Lastwagen aufgetaucht, der Frank überfuhr.

Ben hatte es deutlich gesehen – im Geiste! Der Lastwagen war zu diesem Zeitpunkt noch gar nicht da gewesen. Aber Ben hatte in seiner Vorstellung mit einem Mal den Unfall klar vor Augen, der beinahe geschehen wäre. Er war sich sicher gewesen, dass Frank über die Straße gehen wollte ohne sich noch einmal nach links und rechts umzusehen. Er hatte gewusst, dass ein Lastwagen kommen würde.

Woher wusste ich das?, grübelte Ben. *Weshalb habe ich einen Unfall gesehen, der nicht passiert ist?*

Er schreckte aus seinen Gedanken auf, als Frank sich bei der nächsten Straßengabelung von ihm trennte.

Ben hatte nur noch wenige Hundert Meter zu gehen. Aber er brauchte für diesen Weg länger als üblich. Zu sehr hämmerten die Fragen in seinem

Kopf. Irgendetwas war dort an der Straße geschehen, das er nicht verstand.

Nachdenklich schlurfte Ben die letzten Meter nach Hause. Da! Ben blieb abrupt stehen. Schon wieder spielte sich solch ein merkwürdiges Bild vor seinem geistigen Auge ab.

»Aufgepasst!«, schrie er.

Ein junger Mann, der sich an einem Gemüsestand gerade einige Tomaten aussuchte, drehte sich um. Die Tomaten fallen lassen, zurückrennen und einen Jugendlichen am Kragen packen war nur noch eins.

»Hände weg von meinem Fahrrad!«, knurrte der Mann und schleppte ihn vom Fahrradständer weg.

Der Jugendliche zappelte und wand sich, um sich aus dem Griff zu befreien, was ihm nicht gelang. Während der Rangelei fiel etwas klirrend zu Boden. Ben erkannte, dass es ein Seitenschneider war. Der Jugendliche war gerade damit beschäftigt gewesen, das Kettenschloss des Fahrrades zu knacken, als ihn der Mann am Kragen zu fassen bekam.

Der Mann drehte sich zu Ben um: »Danke, Kleiner! Der hätte mir beinahe mein Fahrrad gemopst. Direkt vor meinen Augen, wenn du nicht aufgepasst hättest.«

Ben schwieg. Er hatte nicht aufgepasst. Er hatte diesen versuchten Diebstahl überhaupt nicht mitbekommen – außer in Gedanken.

Wieder war es so wie bei dem Beinahe-Unfall. Von einer Sekunde auf die andere hatte Ben ein Bild vor Augen: Ein Jugendlicher klaut ein Fahrrad und verschwindet damit, während ein Mann seinem Fahrrad nur noch verzweifelt hinterhergucken kann.

Woher hatte er gewusst, wem das Fahrrad gehört? Weshalb hatte er geahnt, dass das Fahrrad gestohlen werden sollte?

Ben guckte dem Mann nach, der den Jugendlichen in den Gemüseladen schleppte; vermutlich um von dort die Polizei anzurufen. Noch nachdenklicher als vorher ging Ben die restlichen Meter nach Hause.

Seine Mutter begrüßte ihn daheim mit glasigen Augen. Nachdem sie die Tür geöffnet hatte, legte sie sich sofort wieder aufs Sofa.

»Ich habe schreckliche Kopfschmerzen«, klagte sie. »Hoffentlich bekomme ich keine Grippe.« Mit einer Hand fasste sie sich an den Kopf. Er fühlte sich warm an. »Bist du so lieb und holst mir mal das Fieberthermometer aus dem Bad?«, bat sie Ben.

Auf dem Weg ins Badezimmer hörte er, wie seine Mutter heiser hinter ihm herrief: »Warst du nicht mit deinem Drachen unterwegs?«

»Ach«, machte Ben und suchte im Badschrank nach dem Thermometer. An seinen Drachen hatte er schon gar nicht mehr gedacht. »Der hängt in einem Baum.«

Bens Mutter lachte, fasste sich aber sofort wieder an den Kopf, der bei den leisesten Bewegungen schmerzte. »Sag bloß, der flog nicht? Du bist doch sonst so ein Konstruktionsgenie.«

»Natürlich flog er«, schwindelte Ben, während er

endlich das Thermometer gefunden hatte. Er erinnerte sich wieder an seinen Ärger darüber, dass er die vielen Aufkleber auf den Drachen geklebt hatte und ihn somit zwar schöner, aber leider auch flugunfähig gemacht hatte. »Wenn er nicht geflogen wäre, könnte er ja jetzt nicht hoch oben in einer Baumkrone festsitzen.«

»Natürlich«, schmunzelte seine Mutter, »ist ja logisch. Mit anderen Worten: ein guter Konstrukteur, aber ein schlechter Pilot, wie?«

»Na ja, nicht ganz«, gab Ben zu und kam aus dem Bad heraus. »Er war auch nicht richtig gebaut.«

»Mach dir nichts daraus«, antwortete seine Mutter. »Die Menschheit hat Jahrhunderte gebraucht um die Geheimnisse des Fliegens zu enträtseln. Dein nächster Drachen wird bestimmt hervorragend in die Lüfte steigen.«

Ben konnte dem Trost seiner Mutter allerdings nicht mehr richtig folgen. Er stolperte über die Türschwelle zum Wohnzimmer und landete bäuchlings auf dem harten Parkett. Das Fieberthermometer in seiner Hand zerbrach und die Quecksilberfüllung waberte ihm über die Finger.

Erschreckt schrie Ben auf. Er wusste von seinem Chemiebaukasten, dass Quecksilber ein Metall war, das bei gewöhnlicher Temperatur flüssig ist, schnell verdampft und – dass diese Dämpfe giftig waren!

Blitzartig schoss Ben hoch und eilte zurück ins Badezimmer, riss sich den Ring vom Finger und begann seine Hand mit viel Wasser abzuwaschen.

»Hast du dich verletzt?«, rief seine Mutter besorgt aus dem Wohnzimmer. Langsam stand sie auf und holte Wasser, Reinigungsmittel und Lappen aus der Küche um die Quecksilberkügelchen auf dem Parkettboden wegzuputzen.

»Schon in Ordnung!«, beruhigte Ben sie, während er sich die Hände abspülte. Anschließend nahm er den Ring mit spitzen Fingern auf und hielt ihn unter den Wasserhahn. Seine Mutter steckte den Kopf ins Badezimmer um sich zu vergewissern, dass mit Ben wirklich alles in Ordnung war.

Ben drehte sich kurz um. »Den habe ich gefunden«, erklärte er und machte eine leichte Kopfbewegung zu dem Ring. »Schau mal.«

Er ließ den Ring abtropfen und hielt ihn seiner Mutter entgegen. Sie ging zwei Schritte auf ihn zu, sah auf den Ring und bemerkte anerkennend: »Das ist aber wirklich ein schöner blauer Stein.«

Ben zuckte zusammen. *Blau?*, dachte er. Tatsächlich. Der Stein des Ringes war jetzt tiefblau. Staunend betrachtete Ben den Ring. Er drehte ihn in alle Richtungen.

»Eben war er doch noch gelb!«, wunderte er sich.

»Wirklich?«, fragte seine Mutter argwöhnisch zurück. »Jetzt ist er jedenfalls blau.«

Aber Ben wusste es doch ganz genau. Als er den Ring gefunden hatte, war er mit Sicherheit gelb gewesen!

Was war das für ein eigenartiger Ring? Wieso wechselte er plötzlich die Farbe? Hatten seine merkwürdigen Erlebnisse auf dem Heimweg etwas damit zu tun? Der LKW in der Straße, der Fahrradklau am Gemüsestand, alles Zufälle? Oder unerklärbare Vorahnungen? Ben glaubte nicht daran. Irgendetwas war seit diesem Nachmittag anders. Er wusste nur noch nicht, was es war.

Nachdenklich ging er in sein Zimmer, legte den Ring auf seinen Schreibtisch und schaute verloren noch einen Augenblick auf den blauen Stein des Ringes, der vorher gelb gewesen war. *Ich weiß nicht, was passiert ist,* dachte er. *Aber irgendetwas ist passiert und ich werde es herausbekommen.*

Er wandte den Blick von dem Ring ab und schaltete den Computer ein um noch schnell seine Hausaufgaben zu erledigen.

Fremde Gedanken

»Was hast du denn da?« Miriam setzte sich im Klassenraum vor Ben auf den Tisch und deutete auf seinen Ring. Miriam war Jennifers beste Freundin.

Mit Jennifer verstand Ben sich schon seit langem prächtig und so hatte er allmählich auch Miriam immer besser kennen gelernt und sich mit ihr angefreundet. Häufig zogen die vier – Ben, Frank, Jennifer und Miriam – gemeinsam durch die Gegend, machten allerlei Blödsinn und hatten auch schon manches Abenteuer durchgestanden. Natürlich halfen sie sich auch gegenseitig in der Schule, wo es nur ging. Allerdings ging es nicht immer.

Franks sportliche Fähigkeiten nützten bei Klassenarbeiten nichts und Miriam hatte eigentlich überhaupt kein Fach, in dem sie den anderen hätte helfen können. Zu sehr wurstelte sie sich selbst mehr schlecht als recht durch die einzelnen Unterrichtsfächer. Dafür aber kannte sie alles und jeden in der Schule, wusste immer, wer wo gerade eine Fete veranstaltete, war viel bewunderter Stammgast in der Kirchendisco und unschlagbar als Informationsquelle, wer in wen verliebt war oder sich gerade mit wem stritt.

Das Helfen vor den Klassenarbeiten blieb somit an Ben und Jennifer hängen; Ben in Physik und Mathematik, Jennifer mit ihrer Sprachbegabung in Englisch und Französisch.

»Hast du den aus dem Kaugummiautomaten?«, bohrte Miriam weiter.

»Wenn ich dir erzähle, woher ich den Ring habe, glaubst du mir das sowieso nicht«, antwortete Ben.

»Oho«, machte Miriam. »Das klingt ja geheimnisvoll. Hast du 'ne alte Schatztruhe entdeckt oder was?«

»Eben noch fragst du, ob er aus dem Kaugummiautomaten kommt, und jetzt hältst du den Ring schon für einen Schatz«, mokierte sich Ben. *Idiot!*, hörte er. *Jetzt macht er sich wieder wichtig mit seiner Logik, das kleine Mathe-Genie.* Und: »Sag schon, wo du ihn herhast!«

»Das hat mit Mathe-Genie gar nichts zu tun«, entgegnete er.

»Hä?« Miriam verzog das Gesicht und wirkte ein wenig verwirrt. »Ich hab doch gar nichts von Mathe-Genie gesagt. Ich wollte nur wissen, woher du den Ring hast.«

»Ich weiß doch, was ich höre«, gab Ben entrüstet zurück. »Aber egal. Den Ring habe ich gestern in einem Elsternest gefunden.«

»In einem Elsternest!«, schrie Miriam auf. »Veralbern kann ich mich alleine. Dann erzählst du's eben nicht.« Sie hopste vom Tisch und ging ohne Ben noch eines Blickes zu würdigen.

Möchte wissen, welches Geheimnis dahinter steckt, dass der Blödmann nichts erzählt, hörte Ben Miriam noch sagen.

Ben schüttelte den Kopf.

»Frag doch Frank!«, rief er Miriam hinterher. »Da steckt überhaupt kein Geheimnis dahinter!«

Miriam war bereits an ihrem Platz an der anderen Seite des Klassenzimmers angekommen und zeigte Ben von dort aus einen Vogel.

Mehr hätte sie in diesem Moment auch nicht machen können, denn schon schoss Herr Waldemar, ihr Erdkundelehrer, ins Klassenzimmer. Mit einer langen zusammengerollten Karte unter dem Arm fegte er durch den Raum nach vorne zu seinem Pult und brüllte ein flüchtiges »Guten Morgen!« durch die Klasse. Es sollte aber wohl mehr heißen: »Hallo, aufgepasst, ich bin jetzt da!«

Herr Waldemar war berüchtigt wegen seiner hektischen Bewegungen und seiner lauten Stimme. Alles tat er immer so, als würde jemand mit der Stoppuhr daneben stehen. In Verbindung mit seiner Stimme, die sich wie ein zu stark aufgedrehtes Radio anhörte, wirkte Herr Waldemar wie ein Orkan, der durchs Klassenzimmer tobte und alles mit sich zu reißen drohte.

Die Kinder hatten ihm deshalb den Spitznamen »Wilder Waldemar« gegeben; der Kürze halber nannten sie ihn oft einfach auch nur den »Wilden« – jedoch nur dann, wenn Herr Waldemar nicht in der Nähe war.

Ein letztes Stühlerücken, allmählich saßen alle 21 Schüler an ihrem Platz und guckten, welche Karte Herr Waldemar ihnen diesmal mitgebracht hatte. Bens Befürchtungen bestätigten sich: Es war eine so genannte »stumme Karte«, das hieß, dass auf dieser Deutschland-Karte sämtliche Namen der Städte und Flüsse fehlten.

Ben wusste, was das bedeutete: Irgendjemand wurde nach vorn gerufen. Herr Waldemar nannte dann einige Städte und Flüsse und man musste sie auf Anhieb auf der Karte zeigen. Schummeln und Nachlesen war nicht möglich, weil ja die Namen auf der Karte fehlten.

Ben hasste diese Art der Befragung. Außerdem hatte er das Gefühl, je mehr er es hasste, desto öfter kam er bei diesem Spielchen dran.

Und prompt: Ben hatte seinen Gedanken noch nicht zu Ende gedacht, da dröhnte auch schon sein Name durch den Raum.

»Mist!«, fluchte er und trödelte nach vorn zur Karte.

»Na, Ben, dann zeig mir doch mal, wo Lübeck liegt«, donnerte der Wilde Waldemar.

Ben atmete auf. Natürlich hatte er sich schon mal angeguckt, wo das berühmte Marzipan herkommt. So konnte er die Stadt auf Anhieb finden und richtig zeigen.

»Alle Achtung«, schrie Herr Waldemar. »Du hast ja sogar mal eine Stadt erkannt.« Und, merkwürdigerweise viel leiser, folgte: *»Mein Gott, hat der Junge eine zerrissene Hose. Wie kann man bloß so herumlaufen?«*

»Das gehört so«, antwortete Ben nur kurz.

Herr Waldemar gaffte Ben erstaunt an: »Was gehört so? Dass du die Stadt erkannt hast?«

»Die Hose«, bemerkte Ben knapp.

»Ich habe doch gar nichts über deine Hose gesagt«, beteuerte Herr Waldemar und gaffte noch erstaunter. Auch einige Schüler sahen Ben jetzt komisch an.

Merkwürdig, dachte Ben. *Erst behauptet Miriam, sie hätte etwas nicht gesagt, und jetzt Herr Waldemar.*

Aber da peitschte schon die zweite Frage auf Ben ein: »Vielleicht weißt du ja nicht nur, wie eine Hose auszusehen hat, sondern auch, wo Bassum liegt«, grölte Waldemar, der Wilde.

Ben grinste. Es war offensichtlich, dass Herr Waldemar ihn jetzt hereinlegen wollte. Er war überzeugt, dass niemand auf der Welt wusste, wo Bassum liegt; die Menschen, die in Bassum wohnten, natürlich ausgenommen. Zum Beispiel lebte Bens Oma dort.

Ben kostete seine Überlegenheit aus.

»Das ist doch wirklich kein Problem, Herr Waldemar«, betonte er. »Bassum liegt hier, kurz unter Bremen. Noch 'ne Frage?«

Herr Waldemar lief rot an.

Rotzbengel!, hörte Ben ihn fluchen. Gleichzeitig sagte Herr Waldemar, deutlich lauter: »Nein, danke. Du kannst dich setzen.«

Ben stutzte.

Was war denn das? Herr Waldemar hatte ganz deutlich »Rotzbengel« zu ihm gesagt, ihn aber GLEICHZEITIG aufgefordert sich zu setzen. Ben hatte beides gehört, wie in Stereo, wenn über jeden Kanal etwas anderes gesagt wurde. Das ging doch gar nicht! Schon gar nicht in verschiedenen Laut-stärken.

Nachdenklich ging Ben auf seinen Platz zurück.

»Super, dem hast du's gezeigt«, flüsterte Thomas Ben zu.

Thomas war Bens Sitznachbar.

»Der lässt dich jetzt erst mal in Frieden, der alte Fiesling.«

Herr Waldemar war in der gesamten Klasse nicht besonders beliebt, aber Thomas mochte ihn am wenigsten. Das war auch kein Wunder. Denn Thomas war das genaue Gegenteil des Wilden Waldemars. Kein anderer Schüler war so langsam wie Thomas. Ben hatte manchmal das Gefühl, alles, was Thomas machte, tat er in Zeitlupe. Der Hauptgrund dafür war, dass Thomas ein leidenschaftlicher Sammler von allen möglichen gefundenen Sachen war.

»Das Beste an gefundenen Sachen ist, dass sie umsonst sind und man sie nur zu nehmen braucht«, war einer seiner Standardsätze.

So ging er extrem langsam und mit leicht ge-senktem Kopf durch die Gegend um ja nicht an etwas vorbeizulaufen, das man vielleicht finden, mit-nehmen und sammeln konnte. Das hatte dazu ge-führt, dass Thomas tatsächlich über eine beachtliche Sammlung von gefundenen Dingen verfügte.

Es hatte allerdings auch dazu geführt, dass Tho-mas' Vater seine Garage nicht mehr benutzen konnte, weil sie mit den gefundenen Dingen voll gestellt war. Dafür war Thomas auch der Einzige, den Ben kannte, der 168 alte Schlüssel, 89 kaputte Kugelschreiberhülsen, 579 verschiedene Kronkorken und 54 Fahrradventile besaß, die vermutlich auch alle nicht mehr funktionierten. Um nur einige Beispiele zu nennen. Natürlich gab es auch noch 15 Fahrräder, 23 Drachen, 7 Schlitten und viele Dinge mehr, an die Ben sich nicht mehr erinnern konnte. Zumindest war die Liste über alle gefundenen Sachen, die Thomas ihm einmal gezeigt hatte, überwältigend gewesen.

Seine Suchhaltung war Thomas so in Fleisch und Blut übergegangen, dass er auch dann so langsam ging, wenn er gerade nichts suchte, was sehr selten der Fall war.

Sogar wenn der Wilde Waldemar Thomas nach vorne rief, schlich Thomas extrem langsam zur Tafel, damit ihm selbst auf diesem kurzen Wege nichts entging. Das machte den Wilden Waldemar in aller Regel noch wilder. Kurz: Die beiden konnten sich nicht ausstehen. Deshalb war Thomas besonders glücklich darüber, wie Ben Herrn Waldemar gerade hatte abblitzen lassen.

Ben antwortete Thomas nicht. Zu sehr dachte er noch darüber nach, wie es möglich war, dass er zwei verschiedene Sätze vom Wilden Waldemar GLEICHZEITIG in verschiedenen Lautstärken gehört hatte.

Irgendetwas Seltsames geht hier vor sich, überlegte Ben.

Wieder ging ihm der gestrige Nachmittag durch den Kopf: *Wieso hatte er gewusst, dass der LKW*

*um die Ecke rasen würde? Weshalb war ihm klar
gewesen, dass Frank genau in dem Moment auf die
Straße rennen wollte? Wieso hatte er den Diebstahl
geahnt? Und weshalb hörte er jetzt ständig Dinge,
die angeblich niemand gesagt hatte? Vor allem
aber: Warum war der Ring plötzlich blau statt gelb?*

*Erst hatte er sich noch über das Gelb des Ringes
gefreut, weil es einem Bernstein so ähnlich war.
Nachdem er aber Hände und Ring gewaschen und
damit vom Quecksilber befreit hatte, war er so
leuchtend blau wie das Meer.*

*Überhaupt, der Ring. Alle merkwürdigen Dinge
hatten mit dem Ring begonnen!*

Thomas gab sich mit Bens Schweigen nicht zufrieden und versuchte es mit einem anderen Thema,
das ihn ohnehin noch mehr interessierte als Herrn
Waldemar auf die Palme zu bringen: Ben hatte
einen Ring gefunden!

»Was hast du zu Miriam gesagt: Du hast den
Ring in einem Elsternest gefunden?«, fragte Thomas
mit solcher Aufregung in der Stimme, dass er beinahe vergessen hätte zu flüstern. In Vogelnestern
hatte Thomas noch nie etwas gesucht! Möglicherweise hatte Ben eine völlig neue Quelle für gefun-
dene Dinge aufgespürt!

»Ja, ja«, murmelte Ben.

»Zeig doch mal!«, bohrte Thomas weiter.

»Was ist denn da los, Thomas?«, schallte es
durch den Raum.

»Nichts, Herr Waldemar«, erwiderte Thomas
ruhig.

»Wenn da nichts los ist, warum schaust du dann nicht hier zur Karte, sondern quasselst mit deinem Nachbarn?«, donnerte Herr Waldemar.

»Er hat nur noch mal nachgefragt, wo Bassum liegt, Herr Waldemar«, schwindelte Ben. »Damit er's für die Klassenarbeit lernen kann. Denn das war ja bestimmt eine wichtige Frage.«

Thomas hielt sich die Hand vor den Mund. Mit hochrotem Kopf und dicken Backen versuchte er sich lautes Gelächter zu verkneifen.

»So, so. Sehr interessant«, stammelte Herr Waldemar. Es hatte ihm offensichtlich die Sprache verschlagen.

Ben aber hörte zusätzlich: *»Frecher Lümmel. Dich kriege ich auch noch dran.«* Schon wieder! Ben horchte erschreckt auf. Wieder hatte er beides gleichzeitig gehört.

Noch zwei Dinge fielen ihm diesmal auf. Das erste: Herr Waldemar hatte gar nicht so lange seinen Mund bewegt, wie er zu hören war. Und das zweite: Herr Waldemar hatte für einen kurzen Augenblick einen eigenartigen blauen Punkt im Gesicht gehabt, der jetzt wieder verschwunden war.

Ben lehnte sich wieder etwas zurück. Da sah er den blauen Punkt plötzlich wieder, diesmal an der Wand direkt über der Tafel.

Ben beugte sich etwas vor. Der blaue Punkt verschwand.

Er lehnte sich zurück. Der blaue Punkt war wieder da.

Ben ahnte, dass er selbst irgendetwas mit diesem

Punkt zu tun hatte. Er suchte alles an sich ab. Dabei konnte er aus dem Augenwinkel erkennen, wie der blaue Punkt an der Wand sich bewegte. Der Punkt begann regelrecht zu tanzen.

Der Ring! Jetzt sah Ben, wie das Sonnenlicht durch das Klassenfenster auf seinen Ring fiel. Der funkelnde blaue Stein reflektierte das Licht an die Wand wie ein Spiegel.

Wenn Ben sich nach vorn beugte, verdeckte sein Oberkörper den Sonnenstrahl. Deshalb war der Lichtpunkt zwischendurch immer wieder verschwunden.

Sein Ring war es also gewesen, der dem Wilden Waldemar einen blauen Punkt ins Gesicht gemalt hatte, ohne dass der davon etwas gemerkt hatte.

Ben grinste frech vor sich hin. Er drehte seine Hand ganz leicht im Sonnenlicht nach rechts. Und schon hatte Herr Waldemar wieder einen blauen Fleck auf dem Kopf, diesmal von hinten, weil Herr Waldemar gerade etwas an die Tafel schrieb.

Ben kicherte leise vor sich hin. In diesem Moment hörte er wieder die Stimme seines Lehrers: *»Ich muss heute noch mal eingehend die Putzfrau befragen. Das Ding kann doch nicht weg sein! Ich hatte es doch nur kurz aus der Hand gelegt. Welche Blamage! Alle waren schon eingeladen. Selbst die Presse. Jetzt ist alles geplatzt!«*

»Spinnt der?«, flüsterte Ben.

»Wieso?«, fragte Thomas verblüfft zurück.

»Was faselt der Wilde denn da von Blamage und Presse?«, hakte Ben nach.

Thomas schaute Ben an, als hätte der aus heiterem Himmel Masern und Mumps gleichzeitig bekommen.

»Geht es dir nicht gut, Ben? Der Wilde hat doch gar nichts gesagt.«

Ben stockte der Atem. Langsam kroch ein eigenartiger Gedanke in ihm hoch, ein schier unglaublicher Gedanke. Aber er ließ ihn nicht mehr los.

Ben drehte heimlich seine Hand, so dass Thomas nicht bemerkte, dass er jetzt einen blauen Punkt auf der Stirn hatte.

Sofort hörte Ben Thomas' Stimme: »*Manchmal ist Ben echt komisch. Was sollte denn das eben? Der Waldemar hat doch wirklich nichts gesagt. Was soll's! Auf jeden Fall werde ich mir heute Nachmittag mal einige Vogelnester ansehen. Vielleicht finde ich da ja auch etwas.*«

Ben spürte, wie seine Hände feucht wurden. Er hatte das Gefühl, dass sich auch auf seiner Stirn einige Schweißperlen bildeten. Ihm war mit einem Mal sehr heiß.

Noch einmal drehte er die Hand. Diesmal zur anderen Seite, so dass der blaue Punkt Jennifers Kopf traf, die auf der anderen Seite des Klassenzimmers neben Miriam saß und gerade aus dem Fenster blickte.

Auch ihre Stimme hörte er jetzt: »*Schönes Wetter draußen. Und ich muss hier bei dem beknackten Waldemar sitzen. Vielleicht könnte man heute Nachmittag etwas Schönes machen. Ein bisschen mit dem Fahrrad rausfahren vielleicht?*«

Mit einem Ruck setzte Ben sich aufrecht. Schnell legte er seine rechte Hand auf den Ring, den er an der linken trug. Der Punkt verschwand, Jennifers Stimme verstummte.

Das war doch nicht möglich! Ben war fassungslos. Und doch war es so. Ben war sich fast sicher.

Noch einmal probierte er es aus. Er nahm die Hand vom Ring und richtete die andere so aus, dass der blaue Punkt Franks Kopf traf.

Schon hörte er seine Stimme: »*Toll, dass mein Vater nun doch zum Wettkampf kommen kann. Sein Vortrag fällt aus. Klasse, genau im richtigen Moment!*«

Ben hatte bei seinen Versuchen genau darauf geachtet: Keiner hatte den Mund bewegt. Bei Jennifer konnte er es nicht sehen, weil sie aus dem Fenster blickte. Aber Herr Waldemar, Thomas und Frank hatten eindeutig den Mund geschlossen, während er ihre Stimmen hörte. Ben war sich jetzt sicher.

Auf viele seiner Fragen hatte er noch keine Antwort. Aber eines war klar, es gab keinen Zweifel: Mit dem Ring konnte er Gedanken lesen!

Zum Glück läutete es bald. Die furchtbare Erdkundestunde war vorbei.

Ben sprang von seinem Sitz hoch und rannte hinaus, durch den Schulpavillon, ein kurzes Stück über den Schulhof, dann durch ein Blumenbeet am Pavillon vorbei, kämpfte sich durch zwei Büsche, schlug einen kurzen Haken zur Seite und war endlich am Ziel: die Raucherecke.

Vor knapp einem halben Jahr hatten Miriam und Jennifer diesen ruhigen Ort entdeckt, den man von keinem Standpunkt in der Schule aus sehen konnte. Hier hatte man wirklich seine Ruhe. Vor allem auch, weil sie kaum jemandem von diesem Ort erzählt hatten. Nur die beiden Mädchen, Frank, Thomas und Ben kannten dieses geheime Plätzchen. Deshalb hatten sie ihr Versteck auch Raucherecke getauft. Obwohl das eigentlich ziemlich unsinnig war. Denn niemand rauchte hier.

Ben hatte einmal an einer Zigarette gezogen und fand, dass sie furchtbar schmeckte. Er konnte sich überhaupt nicht vorstellen, warum so viele Leute Gefallen daran hatten, an einem glühenden Stück getrockneter Pflanze zu nuckeln, die derart widerlich schmeckte.

Frank rauchte ohnehin nicht, weil er durch und durch Sportler war.

Jennifer hatte sich mal ganz aufgeregt eine ganze Schachtel Zigaretten gekauft und sogar zwei davon geraucht. Abends aber entdeckte ihre Mutter die Packung. Ohne ein Wort zu sagen nahm sie zehn Zigaretten, zerbröselte sie in einem Glas Wasser und goss das dunkelbraune Gemisch auf Jennifers Usambara-Veilchen, das sie von ihrer Oma zum Geburtstag bekommen hatte. Am nächsten Morgen sah Jennifer, wie ihr Usambara-Veilchen nur noch schlapp aus dem Topf baumelte.

»Die ist hinüber«, sagte Jennifers Mutter. »Und genauso wird deine Lunge bald hinüber sein, wenn du das Rauchen anfängst. Was meinst du, soll ich dir jetzt neue Zigaretten oder ein neues Veilchen kaufen?«

Jennifer hatte sich für ein neues Veilchen entschieden und seitdem keine Zigarette mehr angerührt.

Nur Miriam rauchte vor der »Teenie-Disco« hin und wieder eine Zigarette. Doch hier in der Raucherecke wollte auch sie nicht rauchen, wenn keiner mitmachte.

Aber wenn sie gewollt hätten, hätten sie hier hervorragend rauchen können. So war es dabei geblieben, dass die Ecke, in der niemand rauchte, weiterhin Raucherecke hieß. Eigentlich hätte sie Ruheecke heißen müssen. Denn Ruhe hatte man hier wirklich und genau die hatte Ben gesucht.

Erschöpft ließ Ben sich auf den Rasen sinken. Er konnte es noch immer nicht glauben: Seit er den Ring hatte, passierten die merkwürdigsten Dinge. Erst hatte er Ereignisse vorausgesehen. Da war der Stein des Ringes noch gelb gewesen. Jetzt war er blau und es gab keinen Zweifel: Mit dem Ring an der Hand konnte er die Gedanken anderer Menschen hören! Ihm war nicht ganz klar, was man damit anfangen konnte, wenn man die Gedanken anderer Leute kannte. Er hatte nur das deutliche Gefühl, dass gerade ein aufregendes Abenteuer begonnen hatte.

Der Beweis

»Das dachte ich mir doch, dass du hier steckst!«

Frank kam durchs Gebüsch gekrochen und war froh seinen Freund Ben gefunden zu haben.

»Was war denn mit dir los? Du bist ja nach dem Läuten aus dem Raum gerannt, als würden sie draußen Computerspiele verschenken.«

Ben hatte nicht einmal ein kleines Lächeln für Franks Anspielung übrig. Stattdessen sah er seinen besten Freund ernst an. »Kannst du schweigen?«, flüsterte er mit beschwörender Miene.

Frank nickte, aber das reichte Ben nicht.

»Schwöre es!«, forderte Ben.

Frank kam das ein wenig übertrieben vor. Schließlich war es nicht das erste Mal, dass sich die beiden Geheimnisse anvertraut hatten. Und bisher konnten sie sich auch aufeinander verlassen. Das wusste Ben doch!

Trotzdem spielte Frank mit. Feierlich hob er die rechte Hand, spreizte Zeige- und Mittelfinger und schwor bei ihrer Freundschaft kein Sterbenswörtchen über das Geheimnis zu verraten, das Ben ihm gleich erzählen würde.

Ben nickte zufrieden mit dem Kopf. »In Ordnung«, begann er mit seiner Erklärung. »Ich kann Gedanken lesen!«

Frank sah Ben für den Bruchteil einer Sekunde verblüfft an, dann prustete er los: »So etwas Albernes. Für so einen lahmen Witz machst du solch einen Zirkus?«

Frank hielt sich vor Lachen die Hände vor dem Bauch.

»Ich habe auch ein Geheimnis: Ich kann mit den Pobacken die deutsche Nationalhymne pfeifen!«

Frank fand seinen eigenen Witz dermaßen lustig, dass er sich in die Hocke setzen musste, weil ihm von seinem Gegacker schon der Bauch wehtat. Tränen liefen ihm übers Gesicht.

»Sehr, sehr witzig«, schimpfte Ben. »Wenn du's nicht glaubst, kann ich es dir ja beweisen. Denke dir eine Zahl zwischen 1 und 10.000.«

Er drehte seine Hand mit dem Ring so, dass Frank den blauen Punkt im Gesicht hatte.

»Okay«, behauptete Frank und kicherte weiter. »Hab ich.«

»Lügner!«, fluchte Ben. »Hast du nicht! Denk dir gefälligst eine Zahl aus.«

Frank unterbrach sein Lachen für einen kurzen Moment und sah Ben erstaunt an.

Woher wusste Ben, dass ich noch keine Zahl im Kopf hatte?, überlegte er.

»Weil ich Gedanken lesen kann«, antwortete Ben auf die Frage, die Frank nicht ausgesprochen hatte. Frank stutzte und dachte sich schnell eine Zahl aus: *5.678.*

»Fünftausendsechshundertachtundsiebzig«, wiederholte Ben.

»Falsch!«, behauptete Frank und dachte: *Mal sehen, was er jetzt macht?*

Ben grinste. »Was soll ich jetzt schon machen?«, antwortete er wieder auf die Frage, die nur in Franks Kopf existierte. »Ich sage dir noch mal, du bist ein Lügner, weil du mich hereinlegen willst.«

Frank zuckte zusammen. Jetzt wurde es ihm doch unheimlich, aber noch wollte er es nicht glauben. Ben und Gedankenlesen! So etwas gab es doch gar nicht!

»Ich weiß nicht, wie du das machst, Ben. Aber deine Fähigkeiten in Mathematik und Zahlenspielereien waren mir schon immer ein Rätsel. Nur, mit Gedankenlesen hat das bestimmt nichts zu tun.«

Ben stöhnte verzweifelt auf. Seinem Freund den Schwur zur Verschwiegenheit abzuverlangen hätte er sich sparen können. Denn offensichtlich glaubte ihm ohnehin niemand. Aber er musste mit jemandem darüber reden, wollte er sich klar darüber werden, was eine solche Fähigkeit bedeutete.

Ben dachte kurz an all seine Comics: Superman, Spiderman, Batman, der Rote Blitz ... All diese fantastischen Helden mit irgendwelchen außerordentlichen Fähigkeiten hatten eine perfekte Tarnung und verrieten niemals etwas über ihr wahres Können. Zu gefährlich, fanden die Comic-Helden.

Ben wusste nicht, ob da etwas dran war und ob er selbst jetzt in Gefahr war? Mit wem sollte er das alles besprechen, wenn nicht mit seinem besten Freund? Aber der glaubte ihm nicht.

Ben fasste einen Entschluss.

»Hör zu!«, sagte er zu Frank. »Du wirst zugeben, dass du alles andere als ein Rechenkünstler bist?«

Frank stimmte mit einem kräftigen Kopfnicken zu.

»Gut!«, machte Ben weiter.

Frank verzog kurz das Gesicht. Er fand es eigentlich gar nicht gut, dass er in Mathematik solch eine Niete war.

»Dann ist es für dich auch sicher unmöglich, aus dem Kopf die Wurzel aus 625 und die Wurzel aus 81 zu multiplizieren und daraus wieder die Wurzel zu ziehen und mir die Antwort zu sagen?«

Frank sah Ben an, als ob er ihm die Aufgabe gestellt hätte, mal eben zwei gut gebratene Spiegeleier vom Baum zu pflücken. Er konnte sich nicht einmal die Zahlen der Aufgabe merken, geschweige denn das Ergebnis nennen.

Ben strahlte.

»Pass auf«, sagte er. »Gleich kannst du's.«

Er zog seinen Ring vom Finger, streifte ihn über den Ringfinger von Frank, der nur staunend zusah und alles mit sich machen ließ, und richtete Franks Hand schließlich ein wenig in der Sonne aus.

»Siehst du jetzt einen blauen Punkt in meinem Gesicht?«, versicherte Ben sich bei Frank.

Frank sah den blauen Punkt.

»Achtung«, setzte Ben seine Vorführung fort. »Achte auf meinen Mund, damit du siehst, dass ich ihn nicht bewege.«

Mit zusammengekniffenen Lippen rechnete Ben im Kopf: *Wurzel aus 625 ist gleich 25, Wurzel aus 81 ist gleich 9; 25 mal 9 sind ... 225. Wurzel aus 225 ist gleich 15.*

Für Ben war dies kein großes Kunststück, weil er

einfach aus Spaß an der Sache das große Einmaleins genauso intensiv gelernt hatte wie das kleine. Auf mancher Geburtstagsfeier war er damit schon als Rechenkünstler aufgetreten. *Das Ergebnis ist 15!*, wiederholte Ben sicherheitshalber noch einmal in Gedanken, damit auch Frank es nicht wieder vergaß.

»Nenn mir das Ergebnis!«, forderte Ben seinen Freund auf.

Geistesabwesend, als sei er ferngesteuert, wiederholte Frank die Zahl. »15!«, sprach er mit monotoner Stimme ohne im Geringsten die Rechnung nachvollziehen zu können, die er gerade von Ben gehört hatte. Dabei hatte der doch den Mund geschlossen gehalten.

»Richtig!«, lobte Ben schmunzelnd.

Frank war sprachlos. »Was... wie ist... häh?«, stotterte er.

Ben nahm ihm den Ring wieder ab, stülpte ihn sich wieder über den Finger und erklärte triumphierend: »Mit dem Ring kann man Gedanken lesen. Glaubst du's jetzt?«

Frank glaubte es, musste sich vor lauter Erstaunen aber erst einmal setzen. Ben nutzte Franks Verblüffung und erzählte ihm die ganze Geschichte, wie er dahinter kam und wie der Ring funktionierte.

Gerade war Ben mit seiner Erzählung am Ende, als es wieder im Gebüsch raschelte. Jennifer und Miriam betraten die Raucherecke und hörten gerade noch, wie Ben sagte: »Ich frage mich, was ich nun tun soll?«

»Uns in der nächsten Pause ein Eis spendieren, zum Beispiel«, schlug Miriam vor.

Ben winkte ab.

»Es geht jetzt wirklich um Wichtigeres, Miriam«, erklärte Frank Bens Handbewegung.

»Oh, Entschuldigung«, meckerte Miriam beleidigt. »Wir wussten nicht, dass die Herren hier eine geheime Sitzung haben.«

Und Jennifer ergänzte schnippisch: »Hätten wir gewusst, dass wir stören, wären wir natürlich nicht gekommen. Aber schließlich können wir nicht Gedanken lesen.«

»Aber wir!«, sagte Ben und hatte damit auch Frank von dem Schwur befreit, gegenüber Jennifer und Miriam zu schweigen.

Als die Jungen in die fragenden Gesichter der Mädchen blickten, war ihnen klar: Ben musste die ganze Geschichte noch mal von vorn erzählen. Und natürlich glaubten auch die Mädchen Bens Geschichte ebenso wenig, wie Frank es noch zehn Minuten zuvor getan hatte.

Ben stöhnte laut auf und wiederholte das Mathematikspiel mit Miriam. Frank hatte Erbarmen und nahm Ben die Arbeit ab, Jennifer zu überzeugen. Er steckte Jennifer den Ring an den Finger und zählte in Gedanken alle Weitsprünge der Goldmedaillengewinner der letzten vier Olympischen Spiele auf. Nachdem Jennifer alle Weiten wiederholte, obwohl sie vorher nicht eine einzige gewusst hatte, war auch sie von den Fähigkeiten des Ringes überzeugt.

Jetzt erzählte Ben noch einmal die ganze Geschichte: dass der Ring zunächst gelb gewesen war und er damit unmittelbar bevorstehende Ereignisse vorhersehen konnte; von seinem Sturz mit dem Fieberthermometer und der darauf folgenden Verfärbung des Steines, und dass man seitdem mit dem Ring Gedanken lesen konnte.

Was er noch nicht verriet, waren seine Mutmaßungen zum Aussehen des Steines. Je öfter Ben den Ring betrachtete, desto deutlicher schien ihm, dass die silbern glitzernden Punkte im Innern des Steines Lötstellen glichen. Lötstellen, wie Ben sie bisher nur von Computerchips kannte!

»Das ist ja affenscharf!« Miriam war die Erste, der sofort einfiel, was man mit der Fähigkeit, Gedanken zu lesen, doch Sinnvolles anstellen konnte. »Ab jetzt brauchen wir für keine Klassenarbeit mehr zu üben!«, jubelte sie.

Die anderen verstanden nicht sofort.

»Na, das ist doch klar«, sprudelte Miriam weiter. »Der, der Hilfe braucht, bekommt den Ring. Und in der Klassenarbeit, zum Beispiel in Mathematik, höre ich mir Bens Gedanken an – so wie eben. Zum ersten Mal werde ich in Mathe auf Eins stehen. Bestimmt verdoppeln meine Eltern mir mein Taschengeld vor Freude.« Miriam war auf Grund dieser grandiosen Aussichten völlig aus dem Häuschen.

Ben dachte wieder an seine Comic-Helden. Ihm war etwas mulmig zu Mute. Aber zum Glück hatte *er* den Ring, so dass niemand seine Gedanken erfahren konnte.

Doch ging es ihm nicht alleine so. Auch Jennifer

war etwas betreten und Ben konnte ihre Gedanken hören: *Von mir aus kann Miriam in der Englisch- oder Französischarbeit alles von mir abschreiben, was ich weiß*, dachte sie. *Aber wenn sie in der ganzen Stunde alles mitbekommt, was ich so denke?*

Jennifer grübelte, was ihr in den vergangenen Unterrichtsstunden so alles durch den Kopf gegangen war: *Hatte sie nicht erst neulich daran gedacht, dass sie Ben eigentlich sehr süß fand? Einmal war es kurz davor, dass sie miteinander gegangen wären – vor einem Jahr, nachdem sie das Abenteuer in der STADT DER KINDER hinter sich hatten. Aber irgendwie war es dann doch nicht dazu gekommen, weil Ben sich wohl nicht traute.*

Jennifer schreckte aus ihren Gedanken hoch und sah Ben entsetzt an. Hatte er das jetzt alles mitbekommen?

Ja, das hatte er. Seine Ohren liefen rot an. Schnell legte er seine Hand auf den Ring, damit der blaue Punkt aus Jennifers Gesicht verschwand und ihre Gedanken verstummten.

»Kannst du den Ring nicht abnehmen, wenn wir zusammen sind?«, fragte Jennifer erbost.

Verschämt zog Ben den Ring vom Finger. Miriam aber grinste frech.

»Möchte wissen, welche Geheimnisse du hast«, neckte sie ihre Freundin. Jennifer streckte ihr die Zunge raus.

Ben sah seine Chance gekommen, seinen peinlichen Fehler wieder gut zu machen.

»Auch keine anderen als du, Miriam«, sagte er schnell. »Aber es interessiert mich wirklich nicht die Bohne, dass du dir von deinem verdoppelten Taschengeld, das du noch nicht einmal hast, ein neues Parfum kaufen willst.« Genau daran hatte Miriam nämlich gedacht, bevor Ben Jennifers Gedanken hörte.

Miriam zuckte zusammen. »Das hast du mitbekommen?«

»Natürlich«, sagte Ben. »Deshalb habe ich den Ring ja abgenommen. Solange der blaue Punkt auf deinem Kopf zu sehen ist, bekomme ich von dir alles mit, ob du willst oder nicht.«

Miriam sprang aufgeregt auf: »Wahnsinn! Kannst du mir den Ring mal kurz leihen?«

»Was willst du denn damit?«, fragte Ben skeptisch.

Miriam verriet es nicht, ließ aber nicht locker.

»Komm schon. Hab dich nicht so. Nur einmal«, bettelte sie.

Ben zögerte einen Moment, aber schließlich mussten sie alle gemeinsam erst noch herausfinden, welche Folgen das Gedankenlesen für sie haben konnte. Da war Miriam als Testperson vielleicht ganz geeignet. Auf jeden Fall schien sie von allen vieren am wenigsten Probleme mit dem Ring zu haben.

Ben reichte ihr den Ring und schon stürzte Miriam durchs Gebüsch zurück auf den Schulhof.

In dem Moment klingelte es zur Stunde. Aber das interessierte Miriam nicht. Die Chance, endlich zu erfahren, was der 14-jährige Peter aus der 8b wirklich von ihr hielt, wollte sie sich nicht entgehen lassen. Hoffentlich erwischte sie Peter noch, bevor er in den Unterricht ging.

Miriam rannte quer über den Schulhof zum Pavillon der achten Klassen. Sie riss die Tür des Pavillons auf und blickte sich hektisch um. Der Gang war voll mit Schülern. Entweder hatten sie eine Freistunde oder ihre Lehrer verspäteten sich.

Egal, Miriam suchte Peter. Sie zwängte sich durch eine Gruppe Jungen, die gerade lebhaft den neuesten Film mit Arnold Schwarzenegger diskutierten.

Da ist sie wieder. Torben sagt, sie heißt Miriam. Ob ich sie diesmal anspreche?, hörte Miriam plötzlich.

Sie blieb stehen und wandte sich um. Wessen Gedanken hatte sie da gerade aufgefangen?

Schnell ließ sie den blauen Punkt von Gesicht zu Gesicht der Jungen wandern und schnappte einzelne Stücke der verschiedensten Gedanken auf: Einer dachte an sein Mittagessen zu Hause, ein anderer an seinen neuen Motorrad-Modellbausatz, ein Dritter grübelte über seine schlechte Zensur in der Englischarbeit nach. Miriam zuckte mit den Achseln.

Dann eben nicht, dachte sie. *Ist schließlich auch nicht so wichtig. Wo ist Peter?*

Gerade wollte sie weitergehen, da hörte sie wieder diese Stimme: *Die sieht wirklich toll aus mit ihren langen roten Haaren. Warum, verdammt, traue ich mich bloß nie sie anzusprechen?*

Miriam erstarrte in der Bewegung. Irgendjemand hatte sie ganz offensichtlich ins Auge gefasst und fand sie ganz toll.

Miriam drehte den Kopf, sehr vorsichtig mit starrer Hand, um den Gedanken nicht wieder zu verlieren. Als sie sich nach links umschaute, sah sie den blauen Punkt auf dem Gesicht eines Jungen und hörte wieder seine Gedanken. *Vielleicht schenke ich ihr einfach einmal eine Kette. Aus Papas Laden. Wär bestimmt kein Problem. Ob sie dann mit mir sprechen würde?*

Der?, staunte Miriam. Sie kannte den Jungen kaum. Zwar hatte sie ihn schon oft auf dem Schulhof gesehen und sogar einige Male in der Teenie-Disco. Aber noch niemals hatte sie ein Wort mit ihm gewechselt. Und nun wollte er ihr vielleicht sogar eine Kette schenken.

Jungs kommen manchmal auf seltsame Ideen!, dachte Miriam.

Der Junge schien sehr schüchtern zu sein; ein blasser, schlanker Junge mit einigen Sommersprossen auf der Nase und leicht rötlichem Haar, der häufig allein auf dem Schulhof stand. Miriam kannte seinen Namen nicht. Er trug einen schlichten braunen Pullover, dazu eine einfache Jeans.

Nicht einmal Markenware, schoss es Miriam durch den Kopf. *Obwohl sein Vater offensichtlich einen Laden hat.*

Alles in allem sah er sehr langweilig aus, fand sie.

Was soll ich bloß mit ihr reden, wenn ich sie anspreche?, hörte Miriam seine Gedanken. *Dass*

ich Kriminalgeschichten schreibe, wird sie kaum interessieren.

Miriam kam aus dem Staunen nicht heraus: Dieser langweilige Typ schrieb Kriminalgeschichten?

Jetzt guckt sie mich an!, hörte Miriam.

Sie sah, wie sich seine Wangen rot färbten und er verlegen in eine andere Richtung schaute. Aber seine Gedanken waren bei ihr.

Wenn sie doch bloß m i c h ansprechen würde!, hörte Miriam. *Aber sie hat mich bestimmt noch nie bemerkt. Warum schaut sie mich jetzt bloß die ganze Zeit an?*

Miriam wusste nicht, was sie tun sollte. Da stand ein Junge, den sie wirklich noch nie auf der Rechnung hatte, der sich aber ganz offensichtlich in sie verguckt hatte! Zwar sah er langweilig aus, doch immerhin schrieb er Kriminalgeschichten. Kriminalgeschichten! Miriams Lieblingslektüre; sie wollte ja einmal Kommissarin werden. Miriam fühlte sich unsicher. Wie kam der Junge dazu, ausgerechnet sie toll zu finden? Ob Peter sie ebenso anziehend fand?

Peter! Himmel, sie wollte doch Peter suchen! Es hatte schon lange zur Stunde geklingelt. Miriam lächelte dem Jungen kurz zu und ging schleunigst weiter um Peter zu suchen.

Endlich: Da stand er! Groß, kräftig, schwarze Haare, leicht bräunliche Haut, modisch gekleidet: Miriams Schwarm! Aber leider stand er da nicht alleine, sondern... Miriam stieß einen furchtbaren Fluch aus. Peter stand mit Kolja zusammen!

Ausgerechnet Kolja!

Die Tür des Klassenraumes knallte auf. 21 Kinder drehten ihre Köpfe nach hinten. Frau Krützfeld-Loderdorf, die in der 7a Englisch und Deutsch unterrichtete, erstarrte in der Bewegung und blickte mit offenem Mund zur Tür.

»Entschuldigung«, sagte Miriam, »die Tür ist mir aus der Hand gerutscht.« Dann zuckte sie mit den Schultern und schlenderte zu ihrem Platz.

Frau Krützfeld-Loderdorf hatte sich von dem kurzen Schreck erholt. Erbost stützte sie ihre Hände in die Hüften und blaffte Miriam an: »Sonst hast du nichts zu sagen? Ich meine, der Unterricht läuft bereits seit fünfzehn Minuten! Und du kommst hier hereingeplatzt wie in der Disco!«

»Entschuldigung«, sagte Miriam das zweite Mal. »Ich hatte in der Pause etwas zu erledigen und da habe ich das Läuten nicht gehört.«

»Es wäre schön, wenn du in Zukunft auch im Unterricht mal etwas erledigen würdest«, antwortete Frau Krützfeld-Loderdorf schnippisch. Sie griff nach dem Klassenbuch um Miriams Verspätung einzutragen.

»Mist«, flüsterte Miriam Jennifer zu, die neben ihr saß. »Die will heute Nachmittag meine Eltern anrufen!«

»Woher willst du das denn wissen?«, flüsterte Jennifer.

Miriam zeigte kurz auf den Ring, den sie noch immer trug.

Jennifer grinste Miriam frech an: »Nichts mit doppeltem Taschengeld, wie?«

»Dumme Schnepfe!«, fauchte Miriam, leider etwas zu laut.

»Vielleicht wäre es möglich, dass du wenigstens dem Rest des Unterrichts noch ein wenig Aufmerksamkeit schenkst?«, nervte Frau Krützfeld-Loderdorf von vorne.

»Entschuldigung«, sagte Miriam das dritte Mal.

Heimlich richtete sie den Ring so aus, dass der blaue Punkt wieder im Gesicht ihrer Lehrerin auftauchte.

Ewig diese lärmenden, frechen Kinder in der Pubertät!, hörte Miriam die Stimme der Lehrerin. *Die zerren an meinen Nerven. Wenn sich daran nicht bald etwas ändert! Und ausgerechnet jetzt hat Kurt auch noch Ärger. Von wegen, er wird berühmt und reich. Erst mal alles abgeblasen, sagt er!*

»Ey«, feixte Miriam und stieß Jennifer in die Seite. »Die Krützdoof hat Ärger mit ihrem Alten!«

»Miriam, du kannst doch nicht einfach in den Gedanken unserer Lehrer herumwühlen«, gab Jennifer zu bedenken.

Aber Miriam wischte den Einwand mit einer abfälligen Handbewegung beiseite.

»Da siehst du mal, woran die denkt, während sie Unterricht macht. Von wegen, dem Rest des Unterrichts Aufmerksamkeit schenken! Die ist doch selbst nicht bei der Sache!«

»Ich dachte immer, die Krützdoof wäre solo?«, warf Jennifer ein.

»Quatsch, die ist verheiratet. Deshalb hat sie doch auch diesen entsetzlichen Doppelnamen«, kommentierte Miriam. »Aber soviel ich weiß, heißt ihr Typ Hans – Hans Loderdorf!«

»Na und?«, fragte Jennifer.

»Aber sie denkt an einen Kurt!«, feixte Miriam.

Jennifer und Miriam lachten leise vor sich hin. Gerade wollte Miriam ihre Lästerei über die Lehrerin fortsetzen, da flog ihr ein kleiner zerknüllter Zettel an den Kopf und fiel zu Boden. Miriam sah sich um, bemerkte, dass der Zettel von Ben kam, hob ihn auf, entrollte ihn und las: »Ich will meinen Ring zurück!«

Miriam seufzte und wollte gerade überlegen, wie sie Ben überreden konnte ihr den Ring auch in der nächsten Pause zu leihen, da war es schon zu spät.

»Darf ich mal bitte den Zettel haben?«

Frau Krützfeld-Loderdorf hatte sich vor Miriam aufgebaut. Sie grabschte sich den Zettel, las die Nachricht und streckte Miriam die offene Hand entgegen: »Den Ring bitte!«

Zögernd gab Miriam ihr den Ring und warf Ben vorsichtig einen verzweifelten, entschuldigenden Blick zu.

Ben sah mit verdrehten Augen zur Decke und fluchte.

Aber zum Glück beschäftigte sich Frau Krützfeld-Loderdorf nicht weiter mit dem Ring, sondern legte ihn einfach aufs Pult und sagte: »Wem immer der

Ring gehört, er oder sie kann ihn nach der Stunde bei mir abholen. Aber Miriam kann sich jetzt vielleicht wieder konzentrieren!«

Beinahe wäre Miriam herausgerutscht, dass ja auch die Lehrerin nur an den Ärger mit ihrem offensichtlichen Liebhaber dachte, doch rechtzeitig biss sie sich auf die Lippen und schwieg. *Alte Schramme!*, dachte Miriam nur und wusste, dass die Lehrerin das nicht hören konnte, solange der Ring auf dem Pult lag.

Ben starrte auf den Ring und wartete sehnsüchtig auf das Läuten, das die Stunde beendete. Aber es sollte noch schlimmer kommen:

Kurz vor Ende der Stunde kündigte Frau Krützfeld-Loderdorf für den folgenden Tag eine Klassenarbeit an. Ein Stöhnen und ein Schrei des Entsetzens grollte durch die Klasse. So kurzfristig!

Wie sollte man von einem Tag auf den anderen die ganzen Englischvokabeln der vergangenen Stunden auswendig lernen und sich dann auch noch auf die Grammatik vorbereiten?

Da gab es nur eine Chance: so genau wie möglich herauszufinden, was in der Klassenarbeit dran kommen sollte und was nicht. Und kaum hatte es endlich zum Stundenende geläutet, da stürmten sofort zehn Kinder auf die Lehrerin ein und bedrängten sie aufgeregt und lautstark mit Fragen.

Ben versuchte verzweifelt sich durch das Gedränge hindurchzuwühlen um an seinen Ring zu gelangen. Endlich hatte er sich in die erste Reihe des Schülerknäuels vorgekämpft, da erwartete ihn der nächste Schreck: Der Ring lag nicht mehr auf dem Pult. Frau Krützfeld-Loderdorf hatte ihn gedankenverloren in die Tasche gesteckt.

»Frau Krützfeld-Loderdorf!«, rief er. Ehe er diesen entsetzlich langen Doppelnamen ausgesprochen hatte, hatten sich schon wieder zwei andere Schüler vor seine Nase gezwängt und schrien der Lehrerin ihre Fragen zur Klassenarbeit entgegen: »Kommt auch Kapitel 2 dran?«

»Müssen wir auch alle Passivformen können?«

»Schreiben wir die ganze Stunde oder ist es nur ein kurzer Test?«

»Schluss jetzt!«, brüllte Frau Krützfeld-Loderdorf. »Ihr werdet morgen alles sehen. Wer aufgepasst hat, wird keine Schwierigkeiten haben!«

Und schon stiefelte die Frau aus dem Klassenraum.

Ben rannte hinterher. Das hielten die anderen Kinder für eine gute Idee und begleiteten ihn um die Lehrerin weiter mit Fragen zu bombardieren. Sosehr Ben sich auch abmühte, er kam nicht dazu, seinen Ring zurückzufordern.

Dann endlich bot sich doch eine Chance: Mit einem plötzlichen Ruck drehte sich Frau Krützfeld-Loderdorf um. Das ging so schnell, dass die anderen Kinder es gar nicht mitbekamen und weiterrannten. Mit einem Mal stand die Lehrerin direkt vor Ben – allein. Gerade wollte er seinen Ring zurückverlangen, da hörte er ein schepperndes Geräusch. Durch die schnelle Drehung war der Ring seiner Lehrerin aus der Rocktasche gefallen.

Ben hielt für einen Moment den Atem an, bückte sich und wollte gerade nach dem Ring greifen. Nur noch wenige Zentimeter, dann hätte er ihn gehabt.

Genau in diesem Moment aber schnellte eine fremde Hand hervor und schnappte ihm den Ring buchstäblich vor der Nase weg. Ben blickte auf und riss vor Entsetzen den Mund weit auf.

Vor ihm stand groß, breit und grinsend Kolja und hielt den funkelnden Ring in der Hand.

Ausgerechnet Kolja!

Kolja war zwei Jahre älter als Ben und in der achten Klasse. Eigentlich wäre er schon in der neunten. Aber Kolja musste einmal einen Jahrgang wiederholen. Und auch jetzt war er nicht gerade das, was man einen durchschnittlich guten Schüler nannte.

Immer vor den Zeugnissen beteten Ben, Frank, Jennifer und Miriam gemeinsam, dass Koljas Zensuren gut genug für eine Versetzung waren. Sie hatten große Angst, dass er eines Tages ausgerechnet in ihrer Klasse landen würde. Denn alle Kinder der Schule kannten Kolja gut.

Wenn es irgendwo Ärger gab, war Kolja nicht nur nicht weit, eigentlich war Kolja meist die Ursache für unendlich viel Ärger. Es gab zahlreiche Schüler in der Schule, die von Kolja erpresst wurden. Mal mussten sie ihm Bier, Zigaretten oder Brötchen vom Kaufmann besorgen – von ihrem eigenen Geld natürlich. Oder er ließ sich gleich in bar auszahlen. Nur dafür, dass er die Schüler verschonte. Wer nicht gehorchte, bekam Prügel – und zwar reichlich.

Nur Ben blieb bislang verschont. Der einzige Grund dafür war seine Freundschaft zu Frank. Frank, der beste Sportler an der Schule, durchtrainiert und auch in einigen Kampfsportarten geübt, war der Einzige, der es mit Kolja aufnehmen konnte. Oft genug waren die Schüler auf dem Schulhof Zeugen einer wilden Klopperei zwischen Kolja und Frank. In der Summe aller Kämpfe stand es zwischen den beiden wohl etwa 8 : 8 unentschieden.

Ausgerechnet dieser gemeine Kolja hatte nun den Ring.

»Was habe ich denn da gefunden?«, lächelte er.

»Das ist meiner!«, versicherte Ben. »Gib ihn mir zurück!«

»Deiner?«, höhnte Kolja. »Das habe ich aber gar nicht gesehen, dass du den verloren hast. Im Gegenteil: Der lag hier einfach so herum. Und ich habe ihn gefunden. Also verschwinde, Kleiner!« Kolja drehte sich einfach um und verschwand.

Ben stand auf dem Schulhof und fluchte vor sich hin. Wütend stampfte er zum Klassenraum zurück.

Frank sah ihm sofort an, dass irgendetwas nicht stimmte, und fragte nach.

»Das gibt ja eine schöne Bescherung, wenn Kolja merkt, was das für ein Ring ist«, sagte er, nachdem Ben ihm berichtet hatte, was passiert war. Ben kräuselte sorgenvoll die Stirn und nickte stumm.

»Ihr wisst es also schon?«, rief Miriam aufgeregt. Sie kam gerade zusammen mit Jennifer angelaufen und hatte Ben schon die ganze Zeit gesucht. Aber in dem Gewühl der aufgebrachten Schüler war er plötzlich verschwunden. Sie hatte nur das Wort »Bescherung« aus der Unterhaltung von Ben und Frank aufgeschnappt.

»Sei bloß still!«, zischte Ben sie an. »Natürlich wissen wir, dass der Ring weg ist. Ich habe ja noch versucht ihn wiederzubekommen. Das ist alles deine Schuld!«

Miriam zuckte zusammen. »Was? Der Ring ist weg? Wo ist er denn?«

Wütend erzählte Ben den Mädchen in kurzen, knappen Sätzen, was geschehen war. Schließlich fragte er vorwurfsvoll: »Wo hast du eigentlich die ganze Zeit gesteckt? Ich leihe dir den Ring für ein paar Minuten und du verduftest fröhlich damit und kommst zu spät zum Unterricht, so dass alles auffliegt!«

»Das ist jetzt gar nicht so wichtig«, antwortete Miriam schnell.

»Gar nicht so wichtig?«, blökte Frank los. »Weißt du, was das bedeutet, wenn Kolja herausbekommt, was man mit dem Ring anfangen kann?«

Miriam wurde allmählich wütend. »Hört doch erst einmal zu, bevor ihr losmeckert. Ich war mit dem Ring im Pavillon der achten Klassen. Denn in die 8 b geht Peter. Den habe ich schon zweimal in der Teenie-Disco gesehen und – na ja, der gefällt mir eben.«

Ben und Frank verdrehten die Augen.

Miriam redete unbeirrt weiter: »Da dachte ich, mit dem Ring könnte ich ja endlich mal herausbekommen, was Peter von mir hält.«

»Oh, Miriam!«, stöhnten Ben und Frank wie aus einem Munde.

Der Ring war weg, weil Miriam unbedingt wieder so einer albernen Liebesgeschichte nachgehen musste!

»Nun wartet es doch einmal ab!«, kam Jennifer ihrer Freundin zu Hilfe.

»Aber als ich Peter gefunden hatte, unterhielt sich der gerade mit Kolja«, erzählte Miriam weiter.

»Mit Kolja?«, funkte Frank entsetzt dazwischen. Er ahnte Böses. Wo der Name Kolja auftauchte, konnte nach all seinen Erfahrungen nichts Gutes herauskommen.

»Ja, mit Kolja«, riss Miriam ungeduldig wieder das Wort an sich. »Da habe ich mich im Hintergrund gehalten und die beiden belauscht. Ich wollte wissen, was denn der nette Peter mit dem blöden Kolja zu reden hat.«

»Mensch Miriam, mach es doch nicht so spannend«, stöhnte Ben.

»Dass ihr Jungen nie in Ruhe zuhören könnt!«, bemerkte Jennifer. »Lass Miriam doch einfach ausreden.«

Ben seufzte und Miriam erzählte weiter.

»Um es kurz zu machen: Kolja hat Peter einen Computer zum Kauf angeboten.«

»Na, Wahnsinn!«, höhnte Ben, der Computerfreak. »Das ist ja die sensationellste Nachricht des Jahrhunderts: Ein Schüler kauft von einem anderen einen Computer! Ich habe auch drei Computer zu Hause.«

»Vielleicht sagt dir kleinem Computer-Spezi die Bezeichnung ›KR-xt460‹ etwas?«, gab Miriam zurück.

Frank kratzte sich verständnislos am Kopf; ihm sagte dieser seltsame Geheimcode überhaupt nichts.

Aber Ben antwortete wie aus der Pistole geschossen: »Das sind unsere Schulcomputer!«

Miriam nickte entschlossen. »Genau das hat Peter auch gesagt. Auf die Frage, woher Kolja die denn besorgen wolle, hat Kolja nicht geantwortet. Aber ich habe ja seine Gedanken gehört: Kolja will übermorgen den Computerraum ausräumen! Offensichtlich hat er schon einen genauen Plan, nur daran hat er leider in dem Moment nicht gedacht, sonst hätte ich es ja mitbekommen.«

»So eine Sauerei«, schimpfte Ben. »Wenn Kolja die Computer klaut, können wir keinen Unterricht mehr daran bekommen.« Das wäre wirklich das Schlimmste, was Ben in der Schule passieren konnte. Denn der Computerunterricht war mit weitem Abstand Bens Lieblingsunterricht.

»Und wenn die erst einmal weg sind, dauert es bestimmt Jahre, bis die Schule sich neue anschafft«, fiel Jennifer ein.

Die anderen nickten.

Zwar waren Frank, Miriam und Jennifer längst nicht so begeistert von den elektronischen Kästen wie Ben, aber sie alle wussten, dass es etwas ganz Besonderes war, dass ihre Schule diese Computer besaß. Die zwei Nachbarschulen jedenfalls hatten keine. Und so schickten sie einige ihrer Klassen sogar zum Unterricht in ihre Schule. Und Kolja wollte dem ein Ende setzen, indem er die Dinger stehlen und verkaufen wollte!

Frank schnaufte ärgerlich. »Jetzt, da Kolja den Ring hat, wird es ihm noch leichter fallen, seinen Plan umzusetzen«, bemerkte er schließlich. »Denn er kann dem Hausmeister und den Reinmachefrauen aus den Gedanken ablesen, zu welcher Zeit sie sich in der Nähe des Raumes aufhalten werden und wann nicht.«

»Wenn er herausbekommt, dass man mit dem Ring Gedanken lesen kann«, wandte Miriam ein. »Noch weiß er das ja nicht.«

»Aber irgendwann wird selbst Kolja das merken. Das heißt, wir müssen schnell handeln und seinen Plan vereiteln.«

»Und wie?«, fragte Jennifer.

»Keine Ahnung«, antwortete Ben. »Aber uns wird schon etwas einfallen. Treffen wir uns heute Nachmittag in der Holzhütte am Spielplatz?«

Die anderen waren sofort einverstanden. Nur Frank druckste herum: »Ich kann nicht. Ich habe am Wochenende Wettkampf. Zum ersten Mal seit Monaten wird mein Vater zugucken, weil sein Computerkongress oder so was ausgefallen ist. Da muss ich heute noch unbedingt trainieren!«

»Schon in Ordnung!«, sprang Ben seinem Freund sofort bei, bevor die Mädchen ihm Vorwürfe machen konnten, dass er ausgerechnet an diesem Nachmittag keine Zeit hatte. »Ich komme dann einfach heute Abend noch mal schnell bei dir vorbei und erzähle dir alles!«

Miriam schloss den Mund wieder, den sie gerade geöffnet hatte, um Frank jene Vorwürfe zu machen, die Ben befürchtet hatte. Jennifer durchschaute Bens Absicht und schmunzelte zu ihm herüber.

Manchmal braucht man gar keinen Gedankenring um andere Leute zu durchschauen, dachte sie.

Ben lächelte verlegen zurück und kam schnell auf ein anderes Thema zu sprechen.

»Was war denn das für ein Computerkongress, der ausfällt?«, wollte er von Frank wissen.

Ärgerliche Blicke der Mädchen prasselten auf Ben nieder. »Ben!«, schimpfte Jennifer. »Fängst du schon wieder von deinen Computern an?«

»War ja nur 'ne Frage«, verteidigte sich Ben.

»Ich weiß es sowieso nicht«, antwortete Frank. »Irgendwas mit Computer und menschlicher Intelligenz. Da gibt's wohl einen neuen Chip oder Programm oder was weiß ich. Jedenfalls geht das Gerücht um, dass das Ding geklaut wurde und nicht vorgestellt werden kann. Mein Vater ist echt enttäuscht. Das soll wohl was ganz Außergewöhnliches gewesen sein. Blick ins menschliche Gehirn oder so.«

»Wahnsinn!«, begann Ben zu schwärmen.

»Ja, wahnsinnig interessant, ihr Langweiler«, frotzelte Miriam. »Ich hab auch ins menschliche Gehirn geguckt. Mit dem Ring. Stellt euch vor, da ist so ein kleiner Knirps total verknallt in mich. Hab ich zufällig mitbekommen, als ich Peter gesucht habe.«

Jetzt waren es die Jungs, die die Augen verdrehten. Aber Miriam ließ sich nicht beirren und erzählte ihr Erlebnis mit dem kleinen, schüchternen Jungen im Pavillonflur, der Kriminalgeschichten schreibt und sogar überlegt hatte ihr eine Kette zu schenken.

Jennifer gluckste vor Vergnügen. »Du meinst doch nicht etwa den kleinen, blassen Typ mit den Sommersprossen, der immer so komische Jeans anhat?«

»Doch, genau den!«, quiekte Miriam. »Sag bloß, du kennst den?«

»Von dem würde ich mir aber unbedingt eine Kette schenken lassen«, lachte Jennifer. »Sein Vater ist nämlich Juwelier, und zwar der größte der Stadt! Ich hab ihn mal im Laden gesehen, als ich mit meiner Oma dort einkaufen war.«

»Whow!«, machte Miriam. »Vielleicht ein Diamantcollier. 875 Karat!« Die Mädchen juchzten vor Vergnügen.

»Worüber ihr euch so amüsieren könnt«, wunderte sich Frank. »Komm, Ben, ich glaube, wir müssen jetzt mal los.« Er stieß seinem Freund mit dem Ellenbogen in die Seite.

Aber Ben reagierte nicht, sondern starrte leer auf den Boden. Ihm schossen wieder die Erinnerungen an die merkwürdigen Ereignisse durch den Kopf.

Ins menschliche Gehirn geguckt, wiederholte er im Stillen Miriams Worte. *Das habe ich auch getan. Ich habe Gedanken gelesen.*

Verschiedene Stichworte des Gesprächs flitzten plötzlich durch Bens Gedanken und schlugen dort muntere Purzelbäume.

Computerkongress hieß eines dieser Worte. *Ein neuer Chip.* Und plötzlich kam ihm eine aufregende Idee!

Sofort nach Schulschluss machte Ben sich auf den Weg ins Einkaufszentrum. Er kannte den Weg im Schlaf. Er fuhr die Rolltreppe hoch, lief am Informationsstand vorbei, ließ das Sportgeschäft links liegen, raste durch eine geöffnete Glastür und war am Ziel: das Computerfachgeschäft.

Mit geübtem Blick durchforstete Ben die Fachzeitschriften. In Sekundenschnelle hatte er die richtige gegriffen. Aufgeregt blätterte er darin.

In diesem Moment kam von hinten ein Verkäufer.

»Suchst du was Bestimmtes?«, fragte er in einem nicht besonders freundlichen Ton.

Ben fuhr herum.

Sofort erkannte er den Verkäufer. Mit dem hatte Ben schon mehrmals Ärger gehabt. Immer wenn Ben in diesem Laden neue Spiele ausprobierte, kam dieser unfreundliche Mann und jagte ihn aus dem Geschäft, wenn er nicht sofort etwas kaufte.

Trotzdem gab Ben jetzt seine Standard-Antwort: »Ich möchte nur kurz etwas nachschauen.«

Die Miene des Verkäufers verfinsterte sich.

»Hier gibt es nichts zu gucken«, raunzte er Ben an. »Hier gibt es nur etwas zu kaufen.«

Ben hatte keine Zeit sich auf lange Diskussionen

einzulassen. Er war zu aufgeregt. Er wollte endlich die wichtige Information in dem Heft finden, nach der er auf der Suche war. Unschuldig schaute Ben dem Verkäufer ins Gesicht.

»Ich will ja etwas kaufen«, schwindelte er. »Und zwar bin ich auf der Suche nach dem ›motherboard z12-p9‹, Sie wissen schon. Das Heft hier nehme ich dann auch noch gleich mit.«

Der Ausdruck des Verkäufers wurde merklich freundlicher, allerdings hatte er noch nie etwas von dem ›motherboard‹ gehört. Doch mochte er seine Wissenslücke vor dem Jungen nicht zugeben.

»Kein Problem«, behauptete der Verkäufer. »Das ›motherboard‹ haben wir sicher auf Lager. Ich suche es schnell heraus.« Dann verschwand er.

Viel Spaß!, dachte Ben, der wusste, dass es dieses ›motherboard‹ überhaupt nicht gab. Jetzt hatte er einige Minuten Ruhe, um in der Fachzeitschrift zu blättern.

Und da war es auch schon: ein kurzer Bericht über den bevorstehenden Computerkongress, von dem Frank erzählt hatte. Es sollte ein Chip vorgestellt werden, der die Fähigkeiten des menschlichen Gehirns noch übertraf. Angeblich konnte das Ding menschliche Gehirnströme nicht nur lesen, sondern auch in Sprache umwandeln.

Mehr stand dort aber nicht. Der Rest war geheim. Auch der Erfinder dieses Chips hatte sich noch nicht zu erkennen gegeben.

Ben atmete tief durch! Sein Ring hatte offensichtlich die gleichen Fähigkeiten wie dieser Chip!

»Wieso haben wir das nicht?«, hörte Ben jemanden brüllen.

Er schaute sich um und sah, wie der Verkäufer auf den Knien vor einem Regal hin- und herrutschte, seinen Kopf zwischen die Pakete steckte, wieder herauszog und den Lehrling anschrie: »Ich habe doch gesagt, dass Sie das neue ›motherboard‹ bestellen sollen!«

Der Lehrling konnte sich nicht erinnern und zuckte nur mit den Schultern.

Ben grinste vor sich hin und schlich sich schnell aus dem Laden. Er konnte es gar nicht abwarten, den anderen von seiner Entdeckung zu erzählen.

Eine kühne Aktion

Thomas schüttelte den Kopf.

»Das verstehe ich nicht«, sagte er und schob mit dem Fuß einen alten Karton an die Garagenwand. »Warum erzählt ihr es nicht einfach dem Schulleiter, dass Kolja die Schulcomputer stehlen will?«

Er packte mit beiden Händen eine schwere Plastiktüte und warf sie ächzend auf einen Tisch, auf dem sich schon Schachteln, Tüten, Pakete und Kartons stapelten.

Ben staunte immer wieder über die Garage, in der Thomas alle seine gefundenen Dinge aufbewahrte. So voll konnte doch ein einziger Raum gar nicht sein.

Während Thomas sich weiter Zentimeter um Zentimeter durch die Garage kämpfte, antwortete Ben: »Weil wir es nicht beweisen können. Wir wissen aus sicherer Quelle, dass Kolja die Computer klauen will, aber wir haben keinen Beweis. Niemand würde uns glauben und Kolja würde natürlich alles abstreiten. Dann wäre er gewarnt und würde das Ding an einem anderen Tag drehen.«

Thomas hörte aufmerksam zu, obwohl er keineswegs diesen Eindruck machte. Er kroch auf allen vieren hinter einen Schrank, der quer im Raum stand, schlüpfte unter einem Tisch hindurch und kam am Ende der Garage hinter drei alten Fahrrädern wieder zum Vorschein.

»Hier muss es irgendwo sein«, hoffte er. Thomas hatte zwar in mehreren dicken Ordnern alle Fundsachen sauber aufgelistet, aber leider war er noch nie dazu gekommen, seine gefundenen Dinge ebenso ordentlich in der Garage zu sortieren. Alles lag kreuz und quer durcheinander.

»Und du meinst, euer Plan funktioniert?«, fragte Thomas misstrauisch.

Für Ben war das keine Frage. Am Nachmittag des Vortages hatte er sich wie verabredet mit Jennifer und Miriam getroffen. Nachdem er von seiner Entdeckung berichtet hatte, hatten die drei ausführlich den Plan ausgearbeitet um den Computerraub zu verhindern.

»Wenn deine Lichtschranke funktioniert, dann klappt auch unser Plan«, erwiderte Ben. »Vorausgesetzt, du wirst sie jemals finden.«

Verzweifelt sah Ben auf das Chaos, in dem er stand, und beobachtete Thomas mit sorgenvoller Miene. Aber der war schon wieder verschwunden. Ben hörte nur seine Stimme, die irgendwo hinter der alten Schubkarre ertönte.

»Bisher habe ich alles gefunden, was in der Liste steht«, behauptete die Stimme, die sich gar nicht mehr wie Thomas anhörte, sondern vielmehr blechern klang wie ein verrosteter Roboter.

Die Türen eines vergammelten Stahlschranks sprangen auf. Ben wich einen Schritt zurück, stolperte über einen Schlitten und fiel mit dem Hintern voran in eine Plastikbadewanne voller Feuerzeuge.

Aus dem Schrank lugte der Kopf von Thomas,

der hinter dem Schrank stand, dem die Rückwand fehlte.

»Hauptsache, du kannst die Lichtschranke auch montieren«, grinste Thomas, der sah, wie Ben sich mühsam aus der Plastikbadewanne hochzog und sich den Po rieb.

»Mach dir mal keine Sorgen, Thomas«, versicherte Ben. »Wir sind den Plan dreimal durchgegangen: Ich montiere morgen Abend die Lichtschranke vor dem Computerraum. Ein einfacher elektrischer Schaltkreis, verbunden mit der Schulsirene. Wirklich kein Problem. Wenn Kolja den Raum betritt und dabei die Lichtschranke unterbricht, geht die Sirene los. Ich wette, Meckermann ist dann in weniger als eineinhalb Minuten zur Stelle und greift sich Kolja.«

»Meckermann« hieß mit richtigem Namen Herr Eggermann und war der Hausmeister der Schule. Er war etwa fünfzig Jahre alt und ein grantiger, zerfurchter Mann, der immer etwas zu meckern hatte. Ewig schlich er in seinem grauen Kittel, mit einem großen, dicken Schlüsselbund in der Hand, über den Schulhof und schimpfte: Mal stand man zu dicht an den Beeten, dann sollte man sich nicht auf den Rasen setzen; die Bänke waren nicht zum Toben da und deshalb auch keine Fußballtore; dass das Klo im Pavillon kaputt war, war nach seiner Ansicht wieder typisch für die Ungezogenheit der Kinder, und in Zukunft würde er nie wieder etwas reparieren.

So ging es Tag für Tag. Mehr als einmal hatten

die Schüler sich schon gewundert, wie schnell der alte Zausel an einem Tatort sein konnte. Wenn zum Beispiel eine Scheibe zerbrach, konnte man das Klirren des Glases noch hören; da war Meckermann schon zur Stelle und hatte einen am Schlafittchen.

Zwar erwischte Meckermann bei weitem nicht immer den Täter, aber Hauptsache, er hatte irgendjemanden am Kragen, den er zum Schulleiter schleppen konnte, und einen triftigen Grund, mal wieder nach Herzenslust durch die Gegend zu meckern.

In dem Plan von Ben und seinen Freunden also spielte Meckermann die Hauptrolle. Freilich ohne sein Wissen. Die Kinder spekulierten darauf, dass Meckermann auch dieses Mal schnell genug zur Stelle wäre. Und um die heulende Sirene abzustellen, musste er unweigerlich am Computerraum vorbei.

»Kein schlechter Plan«, gab Thomas anerkennend zu.

Er tauchte wieder ab, diesmal hinter einem Turm aus Edelstahltrommeln, die er aus alten Waschmaschinen herausgerissen hatte.

»Ah, da ist sie ja schon«, freute er sich.

Lachend tauchte Thomas hinter den Waschtrommeln wieder auf und hielt ein monströses Kabelgewirr in der Hand. »Hier ist meine Lichtschranke. Sie müsste noch funktionieren.«

»Das hoffe ich doch sehr«, murmelte Ben, dem der Anblick des Kabelgewirrs nicht ganz geheuer war. Vorsichtig versuchte er seine Zweifel zu beseitigen.

»Sag mal, Thomas«, begann er zaghaft eine Frage zu stellen, »hast du sie denn schon einmal benutzt?«

»Ich?«, brüllte Thomas zurück und sah Ben an, als sollte er, der Langsamste der gesamten Schule, jetzt den Sprintweltrekord überbieten. »Ich habe doch keine Ahnung von solchen Dingen. Ich sammle nur, was ich finden kann. Ich habe nicht den blassesten Schimmer, wie eine Lichtschranke funktioniert. Aber es ist doch gut, dass ich eine habe, oder?«

Thomas freute sich immer, wenn seine oft belächelte Sammlung aller möglichen gefundenen Dinge bei seinen Mitschülern Beachtung fand.

Ben hatte das schon befürchtet. »Oh je!«, stöhnte er. »Wenn die nicht funktioniert, ist der Plan im Eimer. Das ist dir doch hoffentlich klar, Thomas«, fügte er mit ernster Stimme hinzu.

Thomas winkte ab. »Ich bin doch nicht für das zuständig, was die Leute achtlos wegwerfen«, belehrte er Ben. Ob die Dinge etwas taugen oder nicht, das kann ich meistens nicht beurteilen. Das Wichtigste ist . . . «

». . . dass sie umsonst sind und man sie nur zu nehmen braucht«, ergänzte Ben. Diesen Satz kannte er zur Genüge.

Noch einmal stieß Ben einen tiefen Seufzer aus und begann das Kabelknäuel zu entwirren.

Thomas setzte sich auf einen der vielen Kartons

und sah Ben zu. Dann schließlich fragte er: »Wie willst du eigentlich die Lichtschranke installieren? Ich meine, wie kommst du abends in den Computerraum hinein?«

»Das ist die Aufgabe von Jennifer und Miriam«, antwortete Ben.

Die beiden Mädchen waren zur gleichen Zeit gerade dabei, ihren Teil des Plans zu erfüllen.

Nach Schulschluss waren sie noch in der Schule geblieben und warteten auf die Reinmachefrau. Sie saßen auf einer Bank vor dem Eingang des Schulhauses, in dem sich auch der Computerraum befand.

»Hoffentlich geht das alles gut«, flüsterte Jennifer ihrer Freundin zu. »Ganz wohl ist mir ja dabei nicht.«

»Umso besser«, lächelte Miriam zurück, »genau das ist ja auch deine Aufgabe.«

Aber Jennifer war nicht zum Scherzen aufgelegt. »Nein, wirklich, Miriam«, sagte sie, »eigentlich ist das doch zu blöde: Wir benehmen uns wie Einbrecher um einen Diebstahl zu verhindern.«

Das fand Miriam auch. Aber sie nahm die Dinge in der Regel so, wie sie kamen.

»Was sollen wir machen?«, fragte sie. »Man kann eben keinen Diebstahl melden, der noch nicht geschehen ist. Schon gar nicht, wenn man auf die Art von ihm erfahren hat wie wir. Niemand würde uns glauben.«

In dem Moment ging die Reinmachefrau an den

beiden vorbei und schloss das Schulhaus auf. Jennifer und Miriam gingen hinterher.

»Entschuldigen Sie«, rief Jennifer der Frau zu. »Wir müssen noch mal in den Biologieraum. Ich habe dort meine Sportsachen vergessen.«

Der Biologieraum befand sich eine Etage höher, direkt über dem Computerraum.

»Na, dann macht aber schnell, Kinder. Ich will hier ja schließlich auch fertig werden«, antwortete die Reinmachefrau und ging die Treppe voran um den Biologieraum aufzuschließen.

»Ich warte dann hier!«, rief Miriam laut und deutlich, so dass die Frau es auf jeden Fall mitbekam. Jennifer trottete brav hinter der Frau her. Miriam wartete ab, bis die beiden die halbe Treppe hinaufgestiegen waren. Dann schlich sie leise hinterher.

Oben im Biologieraum angekommen, begann Jennifer ihre Sportsachen zu suchen. Plötzlich ließ sie sich auf einen Stuhl fallen, krümmte sich zusammen und begann fürchterlich zu jammern.

»Mir ist auf einmal so schlecht!«, stöhnte sie und hielt sich eine Hand auf den Bauch, die andere an die Stirn. »Ich glaube, ich muss mich übergeben!«

Erschreckt lief die Reinmachefrau auf Jennifer zu.

»Mein Gott, Kindchen. Was hast du denn?«, fragte sie besorgt.

»Ich weiß es nicht.« Jennifer bemühte sich ihre Worte möglichst gequält klingen zu lassen. »In letzter Zeit habe ich das öfter.«

Miriam hatte sich bis zur Tür herangeschlichen. Sie beobachtete, wie die Reinmachefrau sich sorgenvoll über Jennifer beugte und ihr den Kopf streichelte. Sie hörte noch, wie Jennifer wehleidig klagte: »Ich bin schon zweimal beim Arzt gewesen, aber der sagt, das sind Kreislaufschwächen. Die können in meinem Alter schon mal vorkommen. Von wegen Wachstum und so.«

Mehr hörte Miriam nicht, denn da hatte sie schon leise und geschickt den dicken Schlüsselbund aus der Tür gezogen und war damit die Treppe hinuntergerannt. Um sich beim Laufen nicht zu verraten, hatte sie ihre Schuhe ausgezogen und lief auf ihren Socken durch das Schulhaus.

Jennifer blinzelte unauffällig zur Tür und sah, dass der Schlüssel weg war. Miriam hatte es also geschafft. Das hieß, auch sie musste sich allmählich aus dem Staub machen, bevor die Frau etwas merkte.

»Das Sitzen tat mir gut«, hauchte Jennifer. »Ich glaube, es geht schon wieder.« Jennifer stand langsam auf.

»Bist du sicher?«, fragte die Reinmachefrau skeptisch. »Ich bringe dich lieber noch die Treppe hinunter.«

Das war eine gute Idee, fand Jennifer. Wenn die Frau mit die Treppe hinunterstieg, konnte sie nicht gleichzeitig bemerken, dass hier oben der Schlüssel gestohlen worden war.

Aber was heißt gestohlen? Die Kinder wollten sich den Schlüssel ja nur ausleihen. Übermorgen würden sie der armen Frau den Schlüssel unauffällig zurückgeben. Trotzdem würde sie sicher einigen Ärger bekommen, wenn der Schlüsselbund, an dem sämtliche Schlüssel der Schule hingen, plötzlich fehlte.

Aber das ließ sich im Moment nicht ändern, dachte Jennifer und spielte ihr Spiel weiter.

»Ach, das wäre furchtbar nett, wenn Sie mich noch bis unten an die Tür bringen könnten. Obwohl es mir wirklich schon besser geht.«

»Alles paletti! Hier sind sie!«, rief Miriam und hielt den Bund mit den vielen Schlüsseln stolz in die Luft.

Ben und Thomas fuhren herum. Jennifer und Miriam standen in der Garagentür.

»Es hat alles prima geklappt!«, rief Miriam weiter. »Ihr hättet Jennifer sehen sollen. Die hat so krank gespielt, dass ich fast selber einen Arzt gerufen hätte.« Die beiden Mädchen grinsten sich verschwörerisch an.

»Und die Lichtschranke funktioniert auch, glaube ich!«, triumphierte Ben und zeigte freudig auf ein merkwürdiges Gebilde aus Kabeln, Lampen und Batterien, das er in der Zwischenzeit mitten in der Garage zusammengebastelt hatte. »Geh mal da durch!«, befahl er Thomas.

Thomas machte einen großen Schritt durch die Lichtschranke. Er hielt sich erschrocken die Ohren zu. Denn in diesem Moment dröhnte eine alte, verrostete Autohupe durch die Garage.

»Das ist ja furchtbar!«, schrie Thomas.

»Nein, das ist hervorragend«, schrie Ben zurück. »Es funktioniert! Selbst mit der alten Autohupe. Tja, Thomas, manchmal finde ich sogar etwas Nützliches in deiner Rumpelkammer.«

Jennifer und Miriam jubelten. Der zweite Teil des Plans konnte beginnen!

Ertappt!

Nervös kaute Ben an dem Ende seines Zeichenstiftes. Hin und wieder unterbrach er das Knabbern um mit der Bleistiftspitze dicke schwarze Löcher in seinen Radiergummi zu bohren.

Heute war der große Tag: An diesem Nachmittag wollte Ben die Lichtschranke im Computerraum installieren. Vorausgesetzt, es gab nicht vorher noch großen Ärger in der Schule, weil einer Reinmachefrau ihr Schlüsselbund abhanden gekommen war. Aber bis jetzt, in der fünften Stunde, war noch alles ruhig.

In beiden großen Pausen waren Miriam und Jennifer möglichst unauffällig vor dem Lehrerzimmer herumgeschlichen, in der Hoffnung irgendetwas von den Lehrergesprächen aufzuschnappen und herauszubekommen, welche Folgen der verlorene Schlüssel heraufbeschwören würde.

»Es scheint alles in Ordnung zu sein«, meldeten die Mädchen.

Trotzdem war Ben nervös. Ihn beschäftigte nämlich noch eine zweite Frage: Wann und wie würde er jemals seinen Ring wiederbekommen? Den Diebstahl der Computer zu verhindern, das war eine Sache. Aber welchen Unsinn mochte Kolja noch anstellen, wenn er dahinter kam, welche Fähigkeiten der Ring besaß?

Ben bohrte ein weiteres Loch in seinen Radiergummi.

»Na, Ben? Du hast wohl heute keine Lust zum Zeichnen?«

Sein Kunstlehrer Herr Kirschbaum stand direkt hinter Ben und blickte auf sein leeres Zeichenblatt. »Die anderen sind mit ihren Bildern fast fertig und du hast noch nicht einmal angefangen! Tut mir Leid, mein Junge, dann wirst du es wohl zu Hause fertig zeichnen müssen.«

»Hm«, machte Ben nur. »Ich zeige es Ihnen dann nächste Woche.« Es war nicht das erste Mal, dass Ben eine Zeichnung nachreichen musste.

Solange ›freies Zeichnen‹ auf dem Unterrichtsplan stand, war dies für Ben kein Problem. Sie mussten dann nur irgendein Bild abgeben und genau dafür war Ben bestens präpariert. Ein paar Tastendrucke auf seinem Computer, und der zuverlässige elektronische Freund würde ihm ein wunderschönes Bild ausdrucken, das eigentlich zu einem seiner Computerspiele gehörte. Ben brauchte dann nur ein paar Farbstifte zu nehmen um die Konturen bunt nachzuzeichnen. Und der niemals misstrauische Kunstlehrer hatte es noch nie gemerkt.

Aber diesmal machte Herr Kirschbaum ihm einen Strich durch die Planung.

»Nett, dass du das Bild nachreichen willst, Ben«, kommentierte der Lehrer. »Aber bitte nicht erst nächste Woche. Am besten du zeigst es mir morgen. Zwischen neun und zehn Uhr erreichst du mich im Lehrerzimmer.«

Sprach's und machte weiter seine Runde durch die Klasse. *Verdammt!*, dachte Ben. *Ausgerechnet heute!*

74

Es gab Wichtigeres zu tun, als so ein albernes Bild zu malen. Die Computer mussten gerettet werden. Aber was wusste ein Herr Kirschbaum schon davon?

In diesem Moment flog die Tür des Kunstraumes auf und Direktor Kramer trat herein. Groß, hager, grauhaarig stand der alte Herr leicht gebückt in der Tür und linste über seine dünne silberne Brille.

Alle in der Schule wussten, dass er nur noch ein Jahr an der Schule sein würde bis zu seiner Pensionierung. Herr Kramer selbst war es, der immer wieder darauf hinwies und sich auf diese Zeit freute wie ein kleines Kind auf Weihnachten.

Jeder Ärger, der in diesem letzten Jahr noch entstand, schien Herrn Kramer deshalb besonders zu schaffen zu machen. Immer, wenn es Zoff gab, schaute Herr Kramer so traurig, als wenn er sagen wollte: Kinder, könnt ihr damit nicht noch ein Jahr warten und mich in Ruhe lassen?

Genau so stand Herr Kramer auch jetzt in der Tür. Ben erkannte sofort: Es gab wieder einmal Ärger.

Unweigerlich fühlte Ben: *Ich bin mit dran schuld. Denn um was wird es sich schon handeln? Natürlich geht es um den Schlüssel, den wir geklaut haben.*

Ben wurde es mulmig in der Magengegend. Herr Kramer tat ihm Leid. Gerne hätte er dem netten alten Herrn den Ärger erspart. Herr Kramer war nämlich von allen Lehrern der netteste, fand Ben. Immer konnte man zu ihm kommen, wenn man ein Problem hatte. Aber diesmal ging es nicht. Selbst Herr Kramer würde die Geschichte mit dem Gedankenlesen nicht glauben. Einen anderen Beweis für Koljas Plan gab es aber nicht. Ben seufzte vor sich hin.

Herr Kramer zerschlug Bens Überlegungen.

»Liebe Kinder«, begann der Direktor mit traurigem Gesicht.

»Leider muss ich euren sicherlich interessanten Kunstunterricht für einen Augenblick unterbrechen.«

Herr Kramer schaute kurz auf den Kunstlehrer und entschuldigte sich mit einem leichten Kopfnicken für die Störung des Unterrichts.

»Aber leider...«, der Direktor hielt einen Moment inne, seufzte und setzte dann seine Rede fort: »...leider zwingt mich eine unangenehme Angelegenheit, hier bei euch hereinzuplatzen. Heute Vormittag wurden die Fahrzeuge von zwei Kollegen aufgebrochen. Aus einem Wagen wurde eine Handtasche mit Schecks und Bargeld gestohlen. Das Autoradio ist natürlich auch weg. Aus dem zweiten Wagen verschwand eine Videokamera. Da beide Wagen auf dem Parkplatz der Schule standen, müssen wir bedauerlicherweise annehmen, dass der Täter aus dem Kreise unserer Schulgemeinde stammt. Ich vermute, dass niemand von euch zufällig etwas gesehen oder gehört hat?«

Herr Kramer legte eine kurze Pause ein. Die Klasse war mucksmäuschenstill.

»Das dachte ich mir schon«, unterbrach Direktor Kramer die Stille. »Dann bitte ich euch, vor allem in den nächsten Tagen besonders auf eure Wertsachen aufzupassen und im Schulbüro vorzusprechen, falls ihr etwas sehen oder hören solltet. Ich danke euch.«

Ohne eine weitere Reaktion abzuwarten schlurfte Direktor Kramer wieder aus dem Kunstraum und schloss leise die Tür hinter sich.

Neue Diebstähle?, wunderte sich Ben. *Ausgerechnet heute, wo Kolja den Computerraum ausräumen will? Ob das Zufall ist? Oder steckt Kolja etwa auch dahinter?*

Ben ärgerte sich einmal mehr, dass er seinen Ring an Kolja verloren hatte – ausgerechnet an Kolja.

Und vor allem: Kein Wort über den verschwundenen Schlüsselbund der Reinmachefrau. Ob sie es noch gar nicht bemerkt hatten – oder nur nicht darüber sprechen wollten?

Endlich läutete es, die Stunde war vorbei. Das bedeutete Schulschluss. Sofort stürmte Frank auf Ben zu. Auch er hatte sich gefragt, ob Kolja wohl hinter den Autoaufbrüchen stecken könnte. Aber Ben zuckte nur mit den Schultern. Auch das Gespräch mit Jennifer und Miriam brachte sie nicht weiter. Niemand hatte etwas beobachtet.

»Wir bleiben bei unserem Plan«, sagte Ben schließlich und die anderen stimmten zu.

Nachmittags um sechzehn Uhr war es dann so weit. Das Fachgebäude der Schule war leer. Nur eine Klasse hatte noch Sport-, eine weitere Musikunterricht.

Jennifer hatte sich morgens noch mal auf den Stundenplänen, die für alle Klassen am schwarzen

Brett aushingen, vergewissert, wann die letzte Klasse das Fachgebäude verließ. Es war ein Biologiekurs in der Oberstufe, der um fünfzehn Uhr endete. Die Reinmachefrauen waren zwar noch in einigen Klassenräumen zugange, aber in dem Gebäude mit den Fachräumen, wozu der Computerraum gehörte, herrschte Stille.

Die Tür war verschlossen. Aber die Kinder hatten ja einen Schlüssel. Leise schloss Ben die Tür auf und huschte mit seinem Rucksack, in dem er alle notwendigen Utensilien für die Lichtschranke verpackt hatte, zum Computerraum.

Frank blieb draußen vor der Tür stehen um aufzupassen, ob auch niemand kam. Am Schultor saßen Miriam und Jennifer und versuchten den Schulhof zu überblicken. Mit Frank vor dem Gebäude konnten sie sich durch Handzeichen verständigen. Da konnte eigentlich gar nichts schief gehen. Hauptsache, Ben würde seine komplizierte Montage der Lichtschranke auch reibungslos gelingen.

Alle vier Kinder hatten den Plan am Nachmittag noch mehrmals so genau durchgesprochen, dass jetzt alles schweigend vonstatten ging. Miriam hatte darauf bestanden.

Sie hatte das schon öfter in Filmen gesehen, sagte sie. Echte Profis würden sich bei der »Arbeit« nur durch Handzeichen verständigen. Ein Einbruch müsste immer so genau geplant sein, dass man dabei nicht zu reden brauchte. Zwar waren die vier unterwegs um einen Einbruch zu verhindern, aber Miriam hatte darauf bestanden, dass für diese

Aktion die gleichen Regeln galten, die sie aus den Kinofilmen kannte.

Also schwiegen sie. Miriam streckte ihren Daumen in Franks Richtung so in die Luft, dass dieser das auch über die Entfernung von gut hundertfünfzig Metern erkennen konnte. Jetzt musste Frank, so hatte Miriam es vorher langatmig erläutert, mit Daumen und Zeigefinger eine kreisförmige Figur bilden, die bedeutete: Alles in Ordnung; keine Gefahr. Frank seufzte kurz vor sich hin und gab das verabredete Zeichen. Viel lieber hätte er auf zwei Fingern gepfiffen. Doch als Miriam ihn in der Vorbesprechung gefragt hatte, ob er nicht alle Tassen im Schrank hätte, hatte Frank geschwiegen und sich in sein Schicksal gefügt.

Ben war unterdessen im Computerraum fleißig bei der Arbeit. Mit einem starken Klebestreifen befestigte er die kleine Lampe der Lichtschranke von innen direkt an dem Rahmen der geschlossenen Tür.

Da! Ein Geräusch!

Ben hielt die Luft an. Er horchte.

Nichts!

Aber da war doch was! Oder doch nicht?

So leise wie möglich fing Ben wieder an zu atmen. Er musste sich getäuscht haben. Schließlich standen draußen Jennifer, Miriam und Frank, die ihn schon warnen würden, wenn da irgendjemand käme. Und innerhalb des Gebäudes konnte doch niemand sein. Schließlich war die Tür verschlossen gewesen, als er kam.

Ben rieb sich seine feucht gewordenen Hände an

der Hose trocken, rutschte auf den Knien zum Türrahmen der anderen Seite und befestigte dort den Reflektor, das passende Gegenstück zur Lampe, auf das der Lichtstrahl fallen sollte. Sollte jemand den Strahl unterbrechen, würde die Sirene losheulen. Ben brauchte nur noch die elektrische Verbindung herzustellen.

Nur! Für Frank, Thomas, Miriam oder Jennifer wäre das ein unlösbares Rätsel gewesen. Aber für den Tüftler Ben war das wirklich nur eine Kleinigkeit. Durch einen mitgebrachten Klingeldraht verband er die Lampe mit einem kleinen Trafo, der die Lichtquelle an das Stromnetz anpasste.

Da! Schon wieder!

Ben zuckte zusammen. Ihm stockte der Atem.

Verdammt! Das waren doch Schritte?

Aber natürlich sind das Schritte!

Jetzt war Ben sich ganz sicher.

Und die Schritte kommen eindeutig auf mich zu! Mein Gott, da ist jemand, der genau auf den Computerraum zuläuft!

Blitzschnell drehte Ben sich um, suchte ein Versteck, in das er sich verkriechen konnte. In rasendem Tempo überflogen seine Augen den Raum: Tische – *geht nicht.* Gardinen – *zu kurz.* Stühle – *albern.* Schränke – *sind verschlossen.*

In diesem Moment bewegte sich schon die Türklinke.

Ben flog in die Ecke hinter die Tür.

Ich kann nur hoffen, dass der Unbekannte nicht hinter die Tür schaut, wenn er reinkommt, flehte

Ben. Auf Zehenspitzen presste er sich gegen die Wand.

Die Tür ging auf. Ben hielt den Atem an. Herein lugte der Kopf von Frank.

»Alles klar, Ben?«, flüsterte er. »Draußen ist alles paletti.«

Ben pustete seinen angehaltenen Atem laut aus, klatschte sich mit der flachen Hand vor die Stirn und brüllte seine aufgestaute Angst aus dem Körper.

»Aber hier drinnen nicht! Hast du eigentlich 'ne Vollmeise?«, schrie er mit hochrotem Kopf. »Ich wäre beinahe gestorben vor Angst! Ich denke, du bist unten vor der Tür. Wie kann man nur dermaßen bescheuert sein!«

Ben fluchte, schrie und tobte, dass Frank nur noch schnell die Tür zuschlagen konnte und leise »Verzeihung« durch den Türschlitz hauchte.

Ben atmete noch einmal tief durch, hockte sich langsam wieder auf den Fußboden und steckte die Kabel in den Trafo.

Plötzlich flog die Tür das zweite Mal auf und traf Ben vor den Kopf. Laut fluchend kippte Ben rücklings auf den Hintern und hätte beinahe einen Purzelbaum rückwärts geschlagen.

»Frank, du Trampeltier!«, schrie Ben im Fallen. Aber der Fluch blieb ihm im Halse stecken.

Eine tiefe, dunkle Männerstimme setzte Bens Wutausbruch ein Ende: »Jetzt werde nicht auch noch frech, Bürschchen! Hab ich euch endlich. Erst die Autos der Kollegen knacken und sich jetzt auch noch an die Computer heranmachen. Na wartet. Das kommt euch teuer zu stehen!«

Ben traute seinen Augen nicht. Vor ihm stand in leibhaftiger Größe der Wilde Waldemar, sein Erdkundelehrer, und hatte Frank bereits am Ohr gepackt. Triumphierend verdrehte der Wilde Waldemar die Ohren der Jungen, so dass diese vor Schmerz aufschrien.

»Damit habt ihr nicht gerechnet, dass ich euch auf die Schliche komme, nicht wahr?«, fragte Herr Waldemar boshaft und fuhr fort: »Los, raus mit der Sprache. Die Autos und die Computer sind doch nicht das Einzige bei eurer Diebestour? Was habt ihr in letzter Zeit denn sonst noch so eingesteckt?«

»Überhaupt nichts«, ächzte Ben unter Schmerzen hervor, da Herr Waldemar noch immer an seinem Ohr drehte.

»So, so. Überhaupt nichts!«, höhnte der Wilde und wandte sich Frank zu. »Und du hast mir auch nichts zu beichten?«

»Wir wollten die Computer doch gar nicht stehlen!«, beteuerte Frank wahrheitsgemäß.

Aber Herr Waldemar lachte nur kurz auf. »Nein, natürlich nicht. Was wolltet ihr denn? Sie beschützen oder was?«

»Ja, genau!«, bestätigte Ben.

Aber Herr Waldemar drehte ihnen die Ohren noch ein Stückchen weiter. Frank und Ben schrien auf.

»Aus euch werden wir schon alles herausbekommen, ihr Lümmel«, schimpfte der Lehrer. »Nicht nur das hier, auch die anderen Diebstähle. Ich würde sie lieber gleich zugeben, bevor wir beim Direktor sind!«

Ben und Frank schauten sich verblüfft an – soweit dies mit festgehaltenen Ohren überhaupt ging. Wieso bestand der Wilde Waldemar so sehr darauf, dass sie noch andere Diebstähle begangen hätten?

Ben versuchte nachzudenken, aber das schmerzende Ohr hinderte ihn daran, auch nur einen klaren Gedanken zu fassen.

Jennifer und Miriam hatten unentwegt auf den Eingang des Gebäudes gestarrt. Aber Herrn Waldemar hatten sie nicht gesehen. Sie sahen ihn erst jetzt, als er – mit der linken Hand am Ohr von Frank, mit der rechten am Ohr von Ben – das Gebäude der Fachräume verließ und beide Jungen zum Zimmer des Direktors schleifte.

»Jetzt sitzen wir ganz und gar in der Tinte«, jammerte Jennifer. Sie stieß Miriam mit dem Ellbogen in die Seite und zeigte mit dem Kopf zum Parkplatz. Dort kam gerade ein Polizeiwagen zum Stehen.

»Ach du dickes Ei!«, rief Miriam und duckte sich unwillkürlich.

Eine halbe Stunde hatten die beiden Mädchen am Schultor ausgeharrt, den Blick immer auf die Eingangstür des Verwaltungsgebäudes gerichtet. Sie hofften, dass Ben und Frank endlich aus den Klauen Herrn Waldemars und des Direktors entlassen würden.

Aber nun tauchte auch noch die Polizei auf. Da war nichts mehr zu retten. Ben und Frank wurden offensichtlich von Herrn Waldemar beschuldigt in den Computerraum eingebrochen zu sein. Das stimmte zwar auch, doch schließlich waren sie nur eingebrochen um einen Diebstahl zu verhindern. Den Mädchen war klar, dass ihnen das niemand glauben würde.

Jennifer biss sich verzweifelt auf die Lippen.

»Wir müssen den Jungs helfen«, sagte sie schließlich.

Miriam zupfte sich nervös mit der Hand am Ohrläppchen. »Fragt sich nur: wie?«

Jennifer hob die Schultern und ließ sie mutlos wieder fallen. Ihre Stirn legte sich in Falten wie das

Wasser im Wellenbad. Sie kniff ihre Augen zusammen, bis sie nur noch kleine Schlitze waren.

Miriam wusste: Wenn Jennifer derart das Gesicht verzog, dann grübelte ihre Freundin; und wenn Jennifer grübelte, dann kam auch meistens etwas Gescheites dabei heraus. Miriam schwieg und wartete.

»Der Ring!«, stieß Jennifer schließlich hervor.

»Der Ring?« Es war wie immer: Wenn Jennifer grübelte, hatte sie auch eine Idee; und wenn Jennifer eine Idee hatte, verstand Miriam zunächst kein Wort.

»Wie kann uns denn jetzt der Ring helfen?«, wollte Miriam wissen.

»Im Moment überhaupt nicht«, antwortete Jennifer bestimmt. »Aber nur, weil wir ihn nicht haben. Und genau das müssen wir ändern!«

»Und wie, wenn ich fragen darf?«, brummte Miriam mürrisch. Dass man Jennifer immer alles aus der Nase ziehen musste!

»Frank und Ben können dort drinnen behaupten, was sie wollen«, erklärte Jennifer und zeigte auf das Verwaltungsgebäude, in dem mittlerweile zwei Polizisten verschwunden waren. »Niemand wird ihnen glauben. Daran können wir auch nichts ändern. Es sei denn, wir klären die Diebstähle auf. Dann würden sie uns glauben, dass wir die Computer retten wollten.«

»Die Diebstähle aufklären, wie denn?«, fragte Miriam.

»Am besten mit dem Ring. Aber dazu müssten wir ihn erst mal haben.«

»Wie willst du denn an den Ring herankommen?«
Miriam hatte das Gefühl, sie drehten sich mit ihren
Überlegungen im Kreis.

Jennifer hatte schon wieder ihre Stirn in Falten
gelegt und die Augen zu Schlitzen verformt. Nach
einigen Minuten glättete sich ihr Gesicht wieder.

»Ich habe eine Idee!«, schrie sie.

Gerade wollte Miriam nachfragen, um welche
Idee es sich denn diesmal handelte, da öffnete sich
die Tür des Verwaltungsgebäudes. Frank und Ben
schlichen mit hängenden Köpfen heraus. Links und
rechts wurden sie von zwei Polizisten begleitet. Alle
vier gingen zum Polizeiauto. Frank und Ben mussten
hinten einsteigen. Dann fuhr der Polizeiwagen los.

Miriam ließ sich auf den Hintern fallen. »In deren
Haut möchte ich jetzt nicht stecken«, prustete sie los.

»Wo fahren die hin?«, fragte Jennifer.

»Na, wohin schon? Zu den Eltern natürlich. Und
dann folgt zu Hause die Standpauke. Solche Fälle
überlässt die Polizei immer den Eltern«, erklärte
Miriam und bohrte sofort nach: »Aber was ist denn
nun mit dem Ring und deiner Idee?«

»Hör gut zu!« Jennifer sah ihrer Freundin ernst in
die Augen. »Schwöre mir, dass du bereit bist den
Jungs zu helfen.«

»Mensch, Jennifer, warum machst du so ein Tam-
tam um deine Idee?« Um zu unterstreichen, wie
dumm Jennifer sich gerade benahm, klopfte sich
Miriam noch einige Male mit dem Zeigefinger kräftig gegen die Stirn.

Doch Jennifer ließ nicht locker.

»Ich habe meine Gründe«, sagte sie nur und wiederholte ihre Forderung, wobei sie versuchte noch ernster zu blicken.

»Schwöre, dass du den Jungs helfen willst, mir vertraust und nicht sauer auf mich sein wirst.«

Miriam schüttelte verzweifelt den Kopf.

»Das wird ja immer schöner«, murmelte sie.

Schließlich gab sie sich geschlagen, hob die rechte Hand, streckte Zeige- und Mittelfinger zum Himmel und nuschelte gelangweilt: »Ich schwöre, dass ich Ben und Frank helfen will. Dafür werde ich dem großen Plan meiner superklugen Freundin Jennifer Barlow treu und brav folgen – in guten wie in schlechten Zeiten – und werde ihr niemals böse sein. Das schwöre ich beim Heiligen Bon Jovi.«

»Man kann es auch übertreiben«, nörgelte Jennifer missmutig. Trotzdem schielte sie heimlich auf Miriams linke Hand um sich zu vergewissern, dass sie den Schwur nicht mit überkreuzten Fingern ungültig gemacht hatte.

»Kann ich jetzt vielleicht deinen Plan hören?«, quengelte Miriam ungeduldig.

»In Ordnung«, antwortete Jennifer. »Du wirst noch heute Abend zu Kolja gehen und ihn bitten den Ring herauszugeben.«

Miriam schwieg. Auch Jennifer schwieg.

Einen Augenblick wartete Miriam noch, dann hakte sie nach.

»Na und? Wie weiter?«

»Nichts weiter«, antwortete Jennifer. »Das ist der Plan.«

Miriam traute ihren Ohren nicht. Ihr Gesicht lief knallrot an, zweimal holte sie tief Luft, so als wollte sie gleich eine Luftmatratze aufblasen, dann brüllte sie los: »DAS IST DEIN PLAN? Ich soll Kolja bitten uns den Ring zu geben und ab sofort bitte, bitte ganz brav zu sein? Was Besseres ist dir nicht eingefallen? Dafür den ganzen Popanz?«

Miriam schnaubte vor Wut. Sie konnte sich überhaupt nicht mehr beruhigen.

Das durfte einfach nicht wahr sein! Erst hatte sie einen blöden Schwur leisten, dann Jennifer jedes Wort einzeln entlocken müssen und am Ende war das ganze Geheimnis, dass sie Kolja bitten sollte den Ring herauszugeben?

»Du Ziege!«, schrie Miriam.

Jennifer blieb völlig ruhig. »Du hast mir gerade beim heiligen Bon Jovi geschworen, dass du nicht sauer auf mich sein wirst.«

»Da wusste ich ja auch noch nicht, dass du mich veralberst und in Wirklichkeit keinen Plan hast«, wütete Miriam weiter.

»Ein Schwur ist ja gerade dazu da, ihn dann einzuhalten, wenn es schwer fällt«, belehrte Jennifer ihre Freundin. »Sonst wäre es ja vollkommen sinnlos zu schwören. Im Übrigen *habe* ich einen Plan.«

»Ja, ein wahrhaft grandioser Plan!«, spottete Miriam.

Jennifer hatte allmählich genug. Energisch stützte sie ihre Hände in die Hüften, sah Miriam tief in die Augen und fragte mit eiserner Stimme: »Also, was ist? Hältst du deinen Schwur oder nicht?«

Ärgerlich trat Miriam gegen einen Stein, der im hohen Bogen gegen das Schultor klirrte, abprallte und zwei Meter weiter unter kreiselnden Bewegungen allmählich zur Ruhe kam. »Na schön«, fauchte sie. »Aber so lasse ich mich nur einmal hereinlegen.«

»Hauptsache, du gehst zu Kolja – und erzähl ihm ja nichts von der neuen Musikanlage im Schulkeller!«

Miriam stutzte. »Was denn für eine neue Musikanlage?«

»Das habe ich dir nicht erzählt?«, fragte Jennifer nach. »Na, dann ist es auch besser, du weißt nichts davon.« Schon drehte sich Jennifer um und wollte gehen.

»Stop!« Miriam sprang Jennifer hinterher. Sie riss an ihrem Ärmel, so dass Jennifer sich unweigerlich umdrehen musste.

»Jennifer!«, kreischte sie. »Erst veralberst du mich mit deinem dämlichen Plan und dann tust du so geheimnisvoll. Ich will jetzt wenigstens wissen, was das für eine Musikanlage ist. Das bist du mir schuldig, wenn ich meinen Schwur halte.«

Jennifer ließ sich erweichen.

»Na gut. Du weißt ja, dass mein Vater im Elternrat ist. Der hat mir erzählt, dass die Schule eine neue große Musikanlage bekommt – für Schulfeste, die Schulband und so weiter. Der Schulverein hat sie spendiert. Die ist mindestens 15.000 Mark wert.«

Miriam pfiff anerkennend durch die Zähne.

»Und diese Musikanlage steht bereits im Schulkeller. Beim nächsten Schulfest soll sie als Überraschung der Schule übergeben werden. Nur der Direktor und einige Elternratsmitglieder wissen davon. Das musst du aber unbedingt für dich behalten.«

»Ehrenwort«, schwor Miriam diesmal freiwillig.

»Und jetzt geh bitte zu Kolja und frage ihn, ob er den Ring herausrückt. Sag ihm, dass wir ihn brauchen um Ben und Frank herauszuhauen.«

»Das klappt bestimmt nicht«, vermutete Miriam. »Aber ich will es versuchen.«

»Das klappt. Verlass dich darauf«, versicherte Jennifer.

Damit aber meinte sie nicht die Bitte an Kolja, sondern ihren Plan. Von dem allerdings wusste Miriam nichts – obwohl sie die Hauptfigur darin spielte. Später würde Miriam ihr sicher verzeihen. Auch darin war Jennifer sich sehr sicher.

Miriam trottete los, innerlich noch immer sauer. Ärgerlich kickte sie einen Stein beiseite. Sie hob den Kopf um zu verfolgen, wo er wohl landen würde.

»Au!«, sagte jemand vor ihr. Der Stein war einem Jungen, der mit Sporttasche den Weg entlangschlenderte, hinten an die Ferse gesprungen.

»Tschuldigung!«, rief Miriam dem Jungen zu, der sich in diesem Moment umdrehte.

Es war der kleine, blasse Sohn des Juweliers. Als er Miriam sah, bekam er sofort wieder einen roten Kopf.

Sieh an, mein kleiner Fan, schmunzelte Miriam bei sich. *Ein bisschen Vergnügen wird ja wohl erlaubt sein, bevor ich Jennifers unsinnigen Plan angehe.*

Freundlich lächelte Miriam den Jungen an: »Verzeihung, ich wollte dich nicht mit dem Stein beschießen«, säuselte sie. »Aber ich kann halt nicht so gut zielen.«

Der Junge lächelte verlegen.

»Macht nichts. Hab ich kaum gespürt«, schwindelte er.

Schon war Miriam auf Tuchfühlung an den Jungen herangekommen. Sanft legte sie ihren Arm um seine Schulter. Sie spürte, wie ihm bei dieser Berührung heiß und kalt zugleich wurde.

Mal gucken, ob er irgendwann zugibt, dass er in mich verknallt ist, überlegte sich Miriam und bedauerte, dass sie jetzt den Ring nicht dabei hatte.

»Wo gehst du denn jetzt hin?«, fragte sie harmlos.

»Nach Hause«, antwortete der Junge brav. »Zum Juwelier. Das ist nämlich mein Vater.«

»Was du nicht sagst!« Miriam tat erstaunt und begleitete den Jungen zum größten Juwelier der Stadt.

Wem gehört der Ring?

Mit großen Augen stand Miriam in dem kleinen dunklen Hinterraum des großen Juweliergeschäftes, in das der Junge, der übrigens Anton hieß, sie geführt hatte. Gebannt starrte Miriam auf Antons Vater, der sich mit einer Lupe im Auge über einen Arbeitstisch beugte.

Noch nie hatte Miriam gesehen, wie ein Diamant geschliffen wird. Sie ging noch einen Schritt dichter heran, konnte aber noch immer keinen Diamanten entdecken.

Der Juwelier richtete sich auf und lächelte ihr zu.

»Du musst durch die Lupe schauen«, sagte er, reichte Miriam eine Lupe, die sie sich vors Auge klemmte, und ließ sie den Diamanten betrachten.

»Der ist aber klein«, fand Miriam.

»Für einen Ohrring«, erklärte der Juwelier.

Miriam nahm die Lupe vom Auge und wagte es, einfach mal nachzufragen: »Haben Sie auch ganz dicke, große Diamanten?«

»Natürlich!«, lachte der Juwelier, zog einen Schlüssel aus der Hosentasche, der zusätzlich an einer silbernen Kette befestigt war, ging zu einem Tresor, der in der Wand eingemauert war, und öffnete die Tür.

Miriam wäre beinahe rückwärts umgefallen, so überwältigend war der Anblick, der sich ihr bot: Dicke, weißblau schimmernde Diamanten blinkten ihr entgegen. Daneben lagen Smaragde, die grün glänzten, neben blitzenden, rot funkelnden Rubinen, dunkelblauen Saphiren und einem Dutzend weiterer Edelsteine, die Miriam nicht mehr mit Namen benennen konnte.

»Ein richtiger Schatz!«, schwärmte sie. »Den finde ich am schönsten!« Und sie zeigte auf einen ovalen Stein, der in einem geheimnisvollen Dunkelviolett schimmerte.

»Den finde ich auch am tollsten«, sagte Anton schüchtern, der dicht hinter Miriam stand. »Das ist ein Lapislazuli. Der stammt aus Afghanistan.«

Der Juwelier nickte zustimmend.

»Das muss ich mir unbedingt merken«, kicherte Miriam. »Ich freue mich schon darauf, wenn meine Mutter mich fragt, was ich mir zu Weihnachten wünsche. Logo, 'nen Lapislazuli, werde ich dann sagen!« Miriam jauchzte vor Vergnügen.

Anton freute sich, dass es Miriam so gut bei ihm daheim gefiel. Antons Vater freute sich, dass sein Sohn sich freute. So ging er noch einen Schritt weiter.

»Das sind ja nur die Rohsteine«, erklärte er. »Jetzt zeige ich dir mal, wie sie als fertiger Schmuck aussehen.«

Dann öffnete er einen weiteren Tresor, der auf dem Fußboden stand.

Jetzt verschlug es Miriam endgültig die Sprache. So viele schimmernde, funkelnde, glitzernde und blinkende Ketten, Ringe, Ohrringe und Armbänder kannte sie bisher nur aus Piratenfilmen. Zum ersten

Mal in ihrem Leben stand sie selbst vor solch einem unermesslich wertvollen Schatz!

Miriam schnappte nach Luft.

»Ganz ehrlich«, schwärmte sie. »Eigentlich wollte ich immer Kriminalkommissarin werden. Aber jetzt glaube ich, ich werde Juwelierin. Den ganzen Tag mit solch schönen Dingen zu tun haben, das muss wunderbar sein!«

»Ha, das erzähl mal unserem Lehrer Herrn Waldemar!«, erwiderte Anton.

Miriam sah ihn fragend an.

Anton erzählte weiter: »Der hat sich hier neulich einen Ring machen lassen. Aber meinst du, der wollte einen der schönen Edelsteine haben? Nicht daran zu denken. Einen schnöden Computerchip hat er sich in einen billigen Stein setzen lassen. Stimmt's, Papa?«

Sein Vater nickte.

»Wohl nur, weil er Mathematik und Computer unterrichtet«, kommentierte Anton verächtlich.

Miriam traf diese Information wie ein Hammer.

Der Ring!, schoss es ihr durch den Kopf.

Blitzartig entschuldigte sie sich, stürmte aus dem Laden und rannte zur nächsten Telefonzelle. Traurig sah Anton ihr nach und überlegte, was er wohl Falsches gesagt haben könnte.

Noch am selben Abend trafen sich Frank, Ben, Jennifer und Miriam vor der Blockhütte auf dem Abenteuerspielplatz.

Die beiden Jungen erzählten von ihren Erlebnissen mit der Polizei. Über eine Stunde lang hatten die Polizisten mit den Eltern von Frank und mit Bens Mutter gesprochen, die beiden Jungs immer wieder befragt, aber letztendlich doch kein Wort geglaubt. Da aber noch nichts gestohlen worden war, beließen sie es schließlich dabei, den Eltern ausdrücklich nahe zu legen besser auf ihre Söhne aufzupassen. Trotzdem war es für Ben und Frank einer der furchtbarsten Nachmittage gewesen, die sie je erlebt hatten.

Doch dann waren sie schnell beim Thema des Abends: Der geheimnisvolle Ring gehörte eigentlich ihrem Lehrer Kurt Waldemar! Und nicht nur das: Jetzt hatten sie auch die Gewissheit, dass der Stein im Ring in Wahrheit ein Computerchip war – so wie Ben es schon die ganze Zeit mehr und mehr vermutet hatte.

Ben fasste die Geschehnisse noch einmal knapp zusammen: »Kurt Waldemar hat offenbar ein sensationelles Computerprogramm erfunden, mit dem man die Fähigkeiten des menschlichen Gehirns noch überbieten kann. Daher auch die Verwandlung der Farbe und der Funktion des Ringes – vielleicht verschiedene Ebenen des Programms? Das Programm jedenfalls liegt in einem Computerchip. Aus Sicherheitsgründen lässt Waldemar diesen Chip in einen Ring fassen und trägt ihn bis zum Computerkongress immer bei sich.«

»Fast immer«, unterbrach ihn Frank. »Irgendwann muss er ihn abgelegt haben. Sein Pech, dass in dem Moment eine Elster kam und ihn mopste.«

»Und wir ihn zufällig gefunden haben«, ergriff Ben wieder das Wort.

»Wir hatten aber auch Pech und der Ring gerät ausgerechnet in Koljas Hände«, ergänzte Jennifer. »Und der will mit Hilfe seiner besonderen Fähigkeiten große Diebstähle organisieren.«

»Aber Herr Waldemar hat uns im Verdacht«, stellte Miriam fest. »Er weiß, dass wir den Ring haben.«

»Wie kommst du denn darauf?«, wollte Ben wissen.

»Er weiß es von Frau Krützfeld-Loderdorf.«

Miriam freute sich über ihren enormen Wissensvorsprung. Vermutlich sollte sie doch lieber Kommissarin werden, dachte sie kurz.

Die anderen waren sprachlos. Waren denn alle Lehrer in diesen Fall verwickelt? Miriam wartete einen Augenblick, dann wiederholte sie noch einmal die Gedanken, die sie im Unterricht von der Lehrerin gehört hatte, bevor diese ihr den Ring wegnahm:

»... die Kinder zerren an meinen Nerven. Wenn sich daran nicht bald etwas ändert! Und ausgerechnet jetzt hat KURT auch noch Ärger. VON WEGEN, ER WIRD BERÜHMT UND REICH. ERST MAL ALLES ABGEBLASEN, sagt er!«

Miriam war in ihrem Element.

»Na, passt das nicht gut zusammen? Die alte Krützdoof hat was mit dem Waldemar, KURT Waldemar, hält das aber geheim. Schließlich ist sie noch verheiratet. Beide haben keine Lust mehr auf den Schuldienst und Waldemar hat ihr den Himmel auf Erden versprochen, nachdem er mit seiner Erfindung reich und berühmt geworden ist.«

»Und die Krützdoof hat unseren Ring gesehen«, fiel Jennifer ein. »Sie hat es dem Wilden erzählt.«

»Genau«, stimmte Ben zu. »Aber offensichtlich kennt sie die Zusammenhänge und die Erfindung vom Wilden gar nicht. Sonst hätte sie den Ring vermutlich gleich sicher verwahrt.«

»Sicher hat sie das mit dem Ring dem Wilden nur beiläufig erzählt und der ist dann schier ausgerastet; zumal er den Ring an Bens Hand übersehen hat!«, vermutete Frank, der sich freute nun wieder voll im Bild zu sein.

Die Kinder lachten bei der Vorstellung, dass der Wilde Waldemar daheim noch wilder wurde. Doch sehr schnell wurden sie wieder ernst.

»Es bleibt dabei«, entschied Ben. Wir müssen den Computerraub verhindern und den Ring wiederbekommen.«

»Oder?«, fragte Jennifer dazwischen.

»Oder wir erzählen dem Wilden alles«, sagte Ben.

»Und dann?«, erregte sich Miriam sofort. »Dann stellt er das Ding auf seinem Kongress vor und wir haben den Salat!«

»Welchen Salat?« Frank konnte schon wieder nicht ganz folgen.

»Na«, fuhr Miriam fort, »dann kommt das Ding an die Öffentlichkeit und alle Welt fuchtelt in unseren Gedanken rum! Mir langt schon die Vorstellung, dass der Wilde das konnte. Wer weiß, wie lange der seinen Ring schon an uns ausprobiert hat?«

Jennifer erschrak. Daran hatte sie noch nie gedacht. Möglicherweise hatte ihr Lehrer den Ring schon seit einigen Jahren. Was mochte er schon alles von ihren geheimsten Gedanken gehört haben?

Bei dieser Vorstellung war ihre Entscheidung klar: »Kommt überhaupt nicht in die Tüte. Niemand hat was in meinen Gedanken verloren. Ist mir völlig schnuppe, ob der Wilde berühmt wird oder nicht. Wir schnappen uns den Ring und dann weg damit!«

Ben, Frank und Miriam dachten ähnlich.

»Wir holen uns den Ring zurück!«, entschieden sie.

Das war das Stichwort für Jennifer: »Sag mal, Miriam. Hast du eigentlich mit Kolja gesprochen?«

»Ja, allerdings«, frotzelte Miriam. »Aber er hat mich nur ausgelacht. Ich habe ja gleich gesagt, dass das ein doofer Plan war.«

Die Eroberung

»Komm mal kurz mit!« Jennifer zog Frank am Ärmel mit sich. Erst als sie außerhalb des Klassenzimmers auf dem Pavillongang in einer ruhigen Ecke standen, redete Jennifer weiter.

»Hör mir mal gut zu«, sagte sie zu Frank. »Wir müssen über meinen Plan reden um den Ring von Kolja wiederzubekommen. Aber wir brauchen dazu deine Hilfe.«

»Bin ich jetzt dran?«, fragte Frank skeptisch. »Ich finde, dein Plan mit Miriam war schon blöd genug.«

»Es ist ein und derselbe Plan«, erklärte Jennifer. »Nur Miriam darf davon nichts wissen, weil er sonst nicht funktioniert.«

Wieder unterbrach Frank sie: »Und was soll denn das für ein Plan sein, von dem einer von uns nichts wissen darf?«

»Ihr vergesst eben alle, dass Kolja unsere Gedanken lesen kann!« Jennifer wurde allmählich ungeduldig und auch ein bisschen ärgerlich, weil alle ihr misstrauten.

»Im Moment weiß nur ich, wie der Plan wirklich aussieht. Ich halte mich deshalb wohlweislich von Kolja fern. Er hat zum Glück auch keine Veranlassung mir nachzuspionieren, weil er denkt, er hätte unseren Plan bereits von Miriam erfahren.«

»Du meinst, Miriam hat uns verplappert?« Frank verstand Jennifers Idee noch immer nicht.

»Nein! Ich meine, Kolja hat gestern, als Miriam bei ihm war, in ihren Gedanken gelesen. Das sollte er ja auch. Denn Miriam hat einen falschen Plan im Kopf. Ich habe ihr etwas Falsches gesagt, damit Kolja durch ihre Gedanken in die Irre geführt wird. Begreifst du endlich?«

»Du meinst ...?«, begann Frank und brach ab um nachzudenken und alles richtig zu verstehen.

Jennifer wartete aber nicht ab: »Genau. Es gibt keine Musikanlage in dem Schulkeller. Aber Kolja glaubt es, weil Miriam es geglaubt hat. Und wenn Kolja hinter den Schulcomputern her war, dann wird ihn auch die Musikanlage locken. Es war ein Köder, den ich für Kolja ausgelegt habe.«

»Und was nützt uns das?« Frank war noch immer skeptisch.

Jennifer stöhnte auf. So schwer war ihre Idee doch wirklich nicht zu verstehen, fand sie. »Selbst Kolja marschiert nicht einfach los, bricht eine Tür auf und klaut eine Musikanlage. Auch er wird sich erst einmal heimlich erkundigen, wie er den Diebstahl am besten ausführen soll. Das heißt, er wird in den Schulkeller gehen und sich umschauen. Vermutlich allein. Ich habe auf den Plan geschaut: Koljas Klasse hat gleich eine Freistunde. Das ist unsere Chance, wenn du mit ein paar starken Jungs aus deinem Sportverein rechtzeitig zur Stelle bist. Das genau wird deine Aufgabe sein.«

Frank stieß einen leisen Pfiff aus. »Junge, ist das ein raffinierter Plan. Du hast Miriam nur benutzt.«

»Ja«, erklärte Jennifer weiter. »Sie durfte den richtigen Plan natürlich nicht kennen. Kolja konnte ja nur auf die falschen Gedanken hereinfallen, wenn Miriam wirklich selbst daran glaubte. Sonst hätte sie uns mit ihren Gedanken verraten. Es tut mir ja auch Leid für Miriam, aber es ging nicht anders. Später wird sie es sicher verstehen.«

»Aber jetzt können wir es ihr doch sagen«, wandte Frank ein. »Schließlich ist Kolja schon darauf hereingefallen.«

»Zu unsicher«, entschied Jennifer. »Jeder von uns kann Kolja jederzeit auf dem Schulhof begegnen. Ich selbst wäre ihm heute Morgen schon beinahe über den Weg gelaufen. Ich habe mich dann schnell auf dem Mädchenklo verkrochen. Dass du es jetzt weißt, ist auch schon eine Gefahr. Deshalb musst du schnell handeln. Schnappe dir ein paar Jungs und verkrieche dich in den Schulkeller.«

»Aber dann muss ich den Unterricht schwänzen!«, schrie Frank entsetzt auf. »Weißt du, was bei mir zu Hause los ist, wenn neben der Geschichte von gestern jetzt auch noch Schulschwänzen dazukommt?«

»Im Gegenteil«, erwiderte Jennifer. »Dies ist deine einzige Chance, die Sache von gestern wieder zurechtzubiegen. Wenn wir den Ring nicht bekommen, wird alles nur noch schlimmer. Kolja wird noch mehr Einbrüche machen. Und Ben und du, ihr werdet immer mehr verdächtigt.«

Frank gab sich geschlagen: Jennifer hatte Recht.

Sie lächelte. Ihr Plan würde funktionieren, davon war sie überzeugt.

Sie ging zurück in den Klassenraum, in dem die erste Unterrichtsstunde gerade begonnen hatte. Jennifer entschuldigte sich für ihr Zuspätkommen: »Dem Frank ist gerade schlecht geworden«, sagte sie der Lehrerin. »Ich habe mich noch ein wenig um ihn gekümmert. Aber jetzt ist er nach Hause gegangen.«

»Das ist sehr nett von dir, dass du dich um deinen Mitschüler gekümmert hast«, antwortete die Lehrerin.

Jennifer lächelte still vor sich hin. Ben und Miriam sahen erstaunt zu ihr hinüber.

Jennifer behielt Recht. Es war kaum eine halbe Stunde seit dem Gespräch zwischen Frank und Jennifer vergangen, als Frank Schritte auf der Kellertreppe hörte.

»Achtung!«, flüsterte Frank. Die anderen vier Jungen, die Frank in aller Schnelle zusammengetrommelt hatte, wussten Bescheid. Frank hatte seine gesamte Überredungskunst in die Waagschale werfen müssen um die vier Jungen zum Mitkommen zu bewegen. Schließlich schwänzten sie jetzt alle den Unterricht.

Aber zum einen hatte Frank als bester Sportler der Schule bei seinen Sportkameraden ein hohes Ansehen, zweitens ging es gegen Kolja, und das war immer ein guter Grund sich gegenseitig beizustehen, wenngleich es auch nicht ganz ungefährlich war. Zum Schluss aber war Frank dennoch nicht umhingekommen den Jungen eine Kiste Limonade und einen Rieseneisbecher für jeden zu versprechen. Frank hatte keine Ahnung, wer das alles bezahlen sollte. Doch darüber machte er sich jetzt keine Gedanken.

Kolja kam die Treppe herunter! Die Jungen sprangen in ihre verabredeten Verstecke. Auch das war nicht so leicht, wie es sich anhört, denn wo sollte man sich im Gang eines Schulkellers schon verstecken? Zwei Jungen verkrochen sich hinter einem alten Schrank, der im Gang herumstand und den sie extra ein kleines Stück vorgerückt hatten. Ein weiterer Junge stand in einem Seitengang, der vom Kellerflur abging. Der letzte Junge krabbelte zu den Besen und Eimern in dem kleinen Hohlraum unter der Treppe. Und Frank blieb einfach vor der Tür des Kellers stehen, in dem sich angeblich die wertvolle Musikanlage befand.

Kolja hatte das Ende der Treppe erreicht, knipste das Licht an, ging noch zwei, drei Schritte vor und blieb dann abrupt stehen.

»Was machst du denn hier?«, fragte er Frank barsch.

Frank grinste ihn frech an. »Ich denke, das weißt du sehr gut«, antwortete er.

Er sprach nicht aus, dass Kolja mit dem Ring Gedanken lesen konnte. Und er hoffte, Kolja würde es auch nicht aussprechen. Den anderen Jungen hatte er nämlich nur erzählt, dass Kolja von Ben einen wertvollen Ring gestohlen hatte. Er hatte verschwiegen, welche besonderen Fähigkeiten der Ring besaß.

Kolja verstand die Andeutung von Frank sofort und schwieg. Auch er fand offensichtlich, dass zu viele Mitwisser nur schädlich waren.

Frank merkte, wie Kolja den blauen Punkt über sein Gesicht fahren ließ.

Kolja kniff die Augen zusammen, neigte den Kopf ein wenig nach vorne und ging weiter auf Frank zu.

Frank kapierte schnell. »Na, Kolja? Das Licht ist wohl ein bisschen schwach für den Ring?«

Frank hatte richtig geraten. Der Ring konnte das Licht nicht hell genug reflektieren. Statt eines deutlichen blauen Punktes war nur ein matter, blasser, leicht bläulicher Schimmer auf Franks Gesicht zu erkennen.

Kolja konnte Franks Gedanken nicht hören.

»Was hast du vor?«, fragte er unsicher.

»Du hast meinem Freund Ben einen wertvollen Ring gestohlen«, stellte Frank fest.

Er witterte die Chance. Wenn Kolja die Gedanken nicht lesen konnte, würde er so auch nichts von den vier anderen Jungen erfahren.

»Quatsch«, log Kolja. »Den habe ich auf dem Schulhof gefunden.«

»So, so«, höhnte Frank. »Du weißt genau, dass er Ben gehört.«

»Selbst wenn«, lächelte Kolja böse. »Was willst du denn daran ändern?«

Kolja hatte bei den Mitschülern oft genug Erfolg damit, wenn er nur böse genug drohte. Also versuchte er es nun auch bei Frank.

»Mit dir nehme ich es noch zehnmal auf. Wenn du den Ring haben willst, hol ihn dir doch!«

»Genau das habe ich vor«, gab Frank kühl zurück.

»Also los!«, rief er.

Das war das Stichwort. Unter der Treppe, hinter dem Schrank und aus dem Seitengang sprangen die vier Jungen hervor und stürzten sich auf Kolja.

Ehe der begriff, was sich da abspielte, lag er schon auf dem Boden. Er schrie vor Schmerz, weil zwei Jungen sich auf seine Arme gekniet hatten, und fluchte wütend vor sich hin. »Das wirst du bereuen, Frank. Das schwöre ich dir!«

»Als ob deine Schwüre irgendetwas zu bedeuten hätten«, antwortete Frank, schnappte sich Koljas rechte Hand und zog den Ring vom Finger.

Dann fuhr er fort: »Wo wir aber gerade bei gegenseitigen Versprechungen sind: Wenn du einem meiner Freunde noch einmal etwas klaust, dann kommst du nicht mehr so glimpflich davon. Darauf gebe ich dir mein Ehrenwort als Sportler!«

Frank gab den anderen Jungen einen Wink. Sie ließen von Kolja ab und gingen zusammen die Treppe hinauf.

Ächzend erhob sich Kolja und klopfte den Schmutz von seiner Kleidung. Er streckte Frank die geballte Faust entgegen.

➡

Das sah Frank aber nicht mehr. In wenigen Sätzen war er schon die Treppe hinaufgespurtet und ging lachend mit den anderen Jungen zurück zum Schulhof. Dort hatte gerade die erste große Pause begonnen.

Jennifer lief auf Frank zu. »Hat alles geklappt?«

Stolz hielt Frank den Ring in die Höhe.

Miriam und Ben waren Jennifer nachgelaufen, blieben jetzt abrupt stehen und rissen erstaunt die Münder auf.

»Der Ring!«, schrie Ben. »Wo habt ihr den her?«

»Mein doofer Plan«, sagte Jennifer ironisch und lachte die beiden an, die noch immer mit großen Augen auf den Ring glotzten. Dann erzählte Jennifer ihnen die ganze Geschichte.

Ben jubelte und fiel Jennifer um den Hals.

»Du bist die Größte, Jennifer, ehrlich!«

Miriam wusste noch nicht so recht, ob sie sich freuen oder ärgern sollte.

»Was ist los, Miriam?«, fragte Frank nach, als er das säuerliche Gesicht von Miriam sah.

»Es ist schon ein komisches Gefühl, dass wir Erfolg haben, weil ich so dumm war«, antwortete sie. »Der ganze Plan wäre missglückt, hätte ich mich nicht so leicht von Jennifer hereinlegen lassen.«

Jennifer nahm sie in den Arm. »Meinst du, du bist die Einzige auf der Welt, die auf eine Notlüge hereingefallen ist?«

Miriam ließ sich gerne trösten, schließlich aber kam ihr eine ernsthaftere Frage in den Sinn.

»Was machen wir denn nun mit dem Ring?«

Nachdenklich blickte sie in die Runde. Da klingelte es zur Unterrichtsstunde.

»Das entscheiden wir heute Nachmittag«, schlug Ben vor. »Wo wollen wir uns treffen?«

»Bei mir!«, entschied Jennifer. »Meine Eltern kommen erst heute Abend nach Hause.«

Also verabredeten sie sich für den Nachmittag bei Jennifer und gingen in den Unterricht. Auf dem Plan stand: Mathematik – im Computerraum.

Als die vier dort ankamen, war die Klasse schon auf dem Gang versammelt und wartete auf den Lehrer. Schon kam der Wilde Waldemar die Treppe herauf gepest. Leider – wie Ben fand – unterrichtete er außer Erdkunde auch noch Computertechnik. Herr Waldemar angelte mit einer Hand den Schlüsselbund aus der Tasche. Er steckte den Schlüssel ins Schloss, drehte ihn und hielt erstaunt inne.

»Die Tür war ja gar nicht verschlossen«, murmelte er.

Mit einem kurzen Blick sah er zu Ben und Frank.

»Ich habe doch gestern Abend den Raum abgeschlossen?«, fragte er sich verunsichert.

»Vielleicht hat die Klasse vor uns den Raum offen gelassen«, vermutete Miriam.

»Nein«, sagte Herr Waldemar bestimmt. »Donnerstags sind wir die Ersten im Computerraum. Vor uns war niemand hier.«

Er stieß die Tür auf, machte einen Schritt in den Raum und blieb erschrocken stehen.

⬇ »Das darf doch nicht wahr sein!«, schrie er. Hektisch blickte er sich um, aber es änderte sich nichts: Der Computerraum war leer! Das heißt: Natürlich standen noch Tische und Stühle darin, aber alle Computer waren verschwunden!

Die Mädchen legen los

»Die Computer hat Kolja geklaut, da gehe ich jede Wette ein.«

Frank lümmelte sich in einen breiten, weichen Sessel im Wohnzimmer von Jennifers Eltern und legte die Füße auf den Couchtisch. »Ich möchte bloß wissen, wann und wie er das gemacht hat.«

»Das ist doch völlig klar«, antwortete Jennifer, die einige Flaschen mit Orangensaft und vier Gläser auf den Tisch stellte. »Er hat bei einem von uns die Gedanken gelesen, ohne dass wir es gemerkt haben. So wusste er genau über unseren Plan Bescheid, ihn mit der Lichtschranke hereinzulegen.«

»Ja«, bestätigte Ben und nahm sich aus einer Schüssel eine große Hand voll Kartoffelchips, die er sich genüsslich in den Mund stopfte.

»Und dann«, legte Ben weiter dar, während er die Kartoffelchips mampfte, »ist er nachts in den Computerraum eingestiegen und hat die Dinger gestohlen.«

Miriam, die Krimi-Expertin, kratzte sich am Kopf.

»Aber das kann er niemals allein gemacht haben«, kombinierte sie. »Wie soll er die ganzen Computer allein aus dem Raum geschleppt und nach Hause gebracht haben? Er muss Helfer gehabt haben.« Miriam war zufrieden mit ihrer logischen Schlussfolgerung.

Fast wie eine richtige Kommissarin, dachte sie bei sich und Ben grinste, weil er diesen Gedanken gehört hatte.

Miriam bemerkte das und fuhr aus dem Sofa hoch.

»Ey, Ben, wir hatten abgemacht, dass du den Ring ablegst, wenn wir vier zusammen sind.«

»Schon gut«, wehrte Ben ab. »Ich habe nicht daran gedacht. Ich habe deine Gedanken nur zufällig gehört.« Aber er konnte sich nicht verkneifen noch hinzuzufügen: »Frau Kommissarin.«

»Blödmann!«, konterte Miriam und streckte ihm die Zunge raus.

Ben nahm den Ring ab und legte ihn auf den Tisch, wo er im einfallenden Sonnenlicht herrlich blau funkelte. Fasziniert schauten die Kinder für einen Moment auf den Ring.

»Was machen wir denn nun damit?«, fragte Jennifer. »Wir wollten den Ring nutzen um den Diebstahl zu verhindern. Das ist gründlich misslungen. Der Wilde sucht den Ring noch immer um ihn der Öffentlichkeit vorzustellen, damit dann alle möglichen Leute in unsere Gedanken gucken können. Und vor allem: Frank und Ben stehen noch immer im Verdacht, in den Computerraum eingebrochen zu sein. Jetzt, wo die Computer weg sind, wohl erst recht.«

»Sehr weit sind wir wirklich nicht gekommen«, stimmte Ben zu. »Wir haben wohl keine andere Chance, als die Computer wieder zu beschaffen um unsere Unschuld zu beweisen.«

110

»Und dabei kann uns der Ring noch wertvolle Hilfe leisten«, warf Miriam ein.

»Aber was machen wir denn nun endgültig mit dem Ring?«, wiederholte Jennifer.

Ihr wurde allmählich unwohl bei dem Gedanken, dass sie noch immer den Ring besaßen, der so begehrt war und mit dem man so verheerende Dinge anstellen konnte wie in die Köpfe anderer Menschen zu schauen.

»Der Ring ist nichts anderes als ein Computerprogramm«, antwortete Ben. »Ein Programm, das einmal entstanden ist, kann man auch wieder vernichten. Dazu müsste man nur an das Programm herankommen.«

»Aber erst, wenn die Computer wieder da sind. Und wo die versteckt sind, werden wir durch Kolja erfahren, eben mit Hilfe des Ringes.« Miriam hatte erwartet, dass nun irgendjemand einen Vorschlag machen würde, wie man am besten an Kolja herankam.

Stattdessen sprang Frank plötzlich aufgeregt aus dem Sessel und sah entsetzt auf seine Armbanduhr.

»Oh, verdammt. Ich muss los zum Karatetraining.«

»Und ich muss noch irgendein bescheuertes Bild für Herrn Kirschbaum malen«, erinnerte sich Ben.

»Ich denke, wir haben jetzt hier eine Besprechung, wie es weitergeht?«, maulte Miriam.

»Wir können ja morgen noch mal weiterüberlegen.« Und schon verschwand Frank aus der Tür.

»Ich muss auch los«, sagte Ben und machte sich ebenfalls auf den Weg.

Verdutzt saßen die Mädchen in ihren Sesseln und blickten sich ratlos an.

»Typisch Jungs«, raunzte Miriam schließlich los. »Erst tun sie so furchtbar wichtig und dann lassen sie einen hängen. Schließlich sind sie es doch, die verdächtigt werden den Diebstahl begangen zu haben!«

Jennifer seufzte und begann den Couchtisch abzuräumen. Als sie sich gerade die zweite Flasche Orangensaft unter den Arm klemmen wollte um ihre Hände für die Kartoffelchips-Schüssel frei zu haben, fiel ihr Blick auf den Ring. Jennifer stellte die Flaschen wieder ab und nahm stattdessen das Schmuckstück.

»Schau mal«, sagte sie zu Miriam. »Jetzt hat Ben doch glatt den Ring liegen lassen. Wenn das kein Wink des Schicksals ist.«

»Wink des Schicksals?« Miriam stutzte: »Was meinst du denn damit?«

Doch Jennifers Stirn hatte sich bereits wieder in Falten gelegt und ihre Augen waren zu kleinen Schlitzen geworden.

Miriam stöhnte auf: Jennifer setzte sich den Ring auf und grübelte. Das konnte dauern. Also schob Miriam sich ein paar Kartoffelchips rein, stand auf und legte eine Schallplatte auf. Da Jennifers Eltern nicht zu Hause waren, nutzte sie die Gelegenheit und drehte die 100-Watt-Anlage voll auf.

Jennifer zuckte zusammen, lächelte dann aber

nur zu ihrer Freundin hinüber, die mit geschlossenen Augen durchs Wohnzimmer tanzte.

Nach einer Weile gab sie das Ergebnis ihres Nachdenkens bekannt.

»Du hattest Recht, Miriam!«, schrie sie gegen die 100-Watt-Anlage an.

Miriam sah, dass Jennifer irgendetwas gesagt hatte, stellte die Musik aus und fragte nach.

Jennifer wiederholte: »Du hattest Recht. Kolja hat den Diebstahl nicht alleine gemacht. Wenn wir herausbekommen, wer dabei war, bekommen wir auch heraus, wo die Computer sind. Denn seine Komplizen wissen vermutlich nichts von dem Ring. Also achten sie auch nicht darauf, was sie so denken.«

Miriam strahlte Jennifer an: »Du willst die Sache weiterverfolgen – ohne die Jungs?«

Jennifer nickte.

»Wenn die meinen, sie hätten Wichtigeres zu tun, machen wir eben auf eigene Faust weiter. Und zwar jetzt gleich!«

Miriam war sofort einverstanden.

»Pass auf, wie wir es machen«, begann Jennifer. »Wir stöbern Koljas Clique auf. Natürlich muss es so aussehen, als sei es rein zufällig. Und du sprichst alle möglichen Leute aus Koljas Umfeld ganz beiläufig auf den Computerdiebstahl an. Ich stehe dann immer ganz unscheinbar daneben und lese deren Gedanken. Irgendeiner wird schon etwas wissen und im Gespräch mit dir daran denken.«

»Wie 'ne echte Kommissarin«, jubelte Miriam.

»Was meinst du, wie die Jungs staunen, wenn wir herausbekommen haben, wo die Computer sind!«

»Genau!«, stimmte Jennifer zu. »Die Jungs halten wir da raus, die alten Angeber.«

Juchzend umarmten sich die beiden Mädchen und kicherten vor sich hin. Sie stellten sich die verblüfften Gesichter von Ben und Frank vor, wenn sie den Fall auf eigene Faust gelöst hätten.

»Und ich weiß auch schon, wo wir die Typen treffen!«, versicherte Miriam. »Komm! Auf geht's!«

Es war allgemein bekannt, dass der Billard-Tisch im Haus der Jugend zu den beliebtesten Treffpunkten von Koljas Clique zählte. Fast jeden Nachmittag war Kolja mit einigen seiner Kumpane dort anzutreffen. Es gab sogar Kinder, die noch niemals im Haus der Jugend Billard gespielt hatten, weil sie einfach Angst hatten, sich in die Nähe des Tisches zu begeben, geschweige denn Kolja zu fragen, ob sie auch mal spielen dürften.

Zwischenzeitlich hatten die Pädagogen zwar ihre besondere Aufmerksamkeit darauf gerichtet und wollten dafür sorgen, dass alle Kinder gleichberechtigt an die Reihe kamen. Aber sie hatten so viel zu tun, dass sie ihr Vorhaben schnell abbrechen mussten. Kolja blieb der Herr über den Billard-Tisch.

Miriam kannte sich gut im Haus der Jugend aus. Hier fand mindestens einmal pro Woche die so genannte »Teenie-Disco« statt, zu deren regelmäßigen Besuchern sie gehörte. Auch war das Haus der Jugend neben der Schule der zweite Ort, an dem man immer andere Kinder treffen und die allerneuesten Neuigkeiten erfahren konnte. Deshalb kam Miriam oft hierher, auch wenn gerade keine Disco veranstaltet wurde.

»Hallo Tom!«, begrüßte Miriam einen der Pädagogen, der gerade Tresendienst in der Teestube hatte und eine neue Palette Limonade in den Kühlschrank stellte.

Tom war kein ausgebildeter Pädagoge, sondern Zivildienstleistender. Da er hier nur zeitweilig arbeitete, fühlte er sich nicht ganz so streng an alle Bestimmungen des Hauses gebunden wie die richtigen Pädagogen. Deshalb zählte Tom zu den beliebtesten Angestellten des Hauses und hatte sich schnell mit vielen Kindern angefreundet.

Miriam gab Tom freundlich die Hand zur Begrüßung und schielte dabei hinüber zum Billard-Tisch. Von Kolja und seiner Clique war überraschenderweise nichts zu sehen. Miriam fragte nach.

Tom grinste übers ganze Gesicht.

»Stell dir vor«, lachte er. »Wir haben eine neue Theatergruppe gegründet. Ausgerechnet Kolja und seine Clique haben sich als Erste gemeldet um mitzumachen.«

Miriam und Jennifer schauten sich fassungslos an. Kolja wollte Theater spielen?

»Ich habe es zuerst auch nicht geglaubt«, erzählte Tom weiter. »Aber er ist heute schon das zweite Mal gekommen. Und seine ganze Clique im Schlepptau, obwohl die gar keine Lust dazu hatten. Kolja hat es ihnen einfach befohlen. Uns soll es recht sein. Solange er Theater spielt, macht er keinen Unsinn!«

»Das heißt, er ist jetzt da?«, fragte Jennifer nach.

Tom nickte. »Sie müssten gerade dabei sein, sich Kostüme auszusuchen, hinten im Musikraum.«

Miriam und Jennifer machten sich sogleich auf den Weg, aber Tom hielt sie zurück.

»Tut mir einen Gefallen«, bat Tom. »Wir sind froh, dass Kolja mitmacht. Also lacht ihn nicht aus und fangt keinen Streit an, wenn ihr dorthin geht.«

»Wieso auslachen?«, wollte Miriam wissen. Sie käme nie auf die Idee jemanden auszulachen, nur weil er Theater spielt.

Tom schmunzelte. »Sie spielen Aschenputtel!«

Miriam und Jennifer standen mit offenen Mündern da. Kolja spielte bei einem Kindermärchen mit! Es war einfach unglaublich.

Tom blickte in die verblüfften Gesichter der Mädchen, zuckte mit den Schultern und ergänzte: »Kolja bestand darauf, den Prinzen zu spielen. Also reißt euch zusammen!«

Über Miriams Gesicht machte sich ein verschwörerisches Lächeln breit. Verschmitzt stieß sie Jennifer in die Seite.

»Der Prinz und Aschenputtel?«, vermutete sie frech. »Wahrscheinlich die einzige Möglichkeit für Kolja, mal ein Mädchen zu küssen!«

Jennifer lachte laut auf.

Tom schüttelte den Kopf. Da ging die Stänkerei schon los. Er ahnte Schlimmes, wenn die beiden Mädchen jetzt zu Kolja gingen. Aber Tom wusste ja nicht, dass die Mädchen einen wichtigen und ernsthaften Plan verfolgten. Die beiden marschierten schnellen Schrittes zum Musikraum.

Dort war eine kleine Bühne aufgebaut, die von vier Scheinwerfern beleuchtet wurde. Unten vor der Bühne standen fünf von Koljas Kumpanen, die in braunen Kartons wühlten und sich zwischen zwei aufgestellten Kleiderständern umsahen.

Miriam und Jennifer gingen langsam an die Bühne heran und sahen dem bunten Treiben zu.

Helmut, der mit Kolja in die gleiche Klasse ging, probierte gerade eine Perücke mit langen, schwarzen Haaren. Zwei andere Jungs sahen ihn an und bogen sich vor Lachen, obwohl sie selbst sehr eigenartig aussahen.

Der eine Junge trug einen langen, grauen Wickelrock, der ihm zwei Nummern zu groß war. Deshalb hatte er ihn nicht etwa ein-, sondern dreimal um die Hüfte gewickelt. Dazu trug er eine gelbe Bluse mit Rüschen und ein Kopftuch.

Der andere hatte wohl das Pech eine Taube spielen zu müssen. Er war in weißes Leinen gehüllt, auf das mit Hunderten Klebestreifen ebenso viele Gänsefedern geklebt waren. Irgendjemand musste sein Kopfkissen für die Theaterkostüme geopfert haben.

Miriam ging auf die Jungs zu. »Na, euch fehlen wohl die Mädchen für die Aufführung?«, fragte sie schmunzelnd.

Helmut drehte sich zu ihr um. »Mach bloß keine Sprüche!«, warnte er sie.

»Warum sollte ich?«, konterte Miriam. »In euren Kleidchen seht ihr viel hübscher aus als sonst. »Du brauchst auch noch eins, Helmut«, lästerte sie und ging entschlossen zu einem der Kleiderständer. Kurz suchte sie die Kleider durch, dann zog sie mit entschlossenem Griff ein pinkfarbenes Ballettkleidchen heraus, das mit funkelnden Glasperlen geschmückt war.

»Genau das Richtige für dich, Helmut«, fand Miriam und warf Helmut das Kleid zu, der es mit einer Reflexbewegung auffing.

»Sehr witzig!«, maulte Helmut und warf das Kleid gleich wieder zurück zum Kleiderständer.

»Ihr scheint ja nicht sehr begeistert vom Theaterspielen zu sein?«, fragte Miriam.

Die Jungs schwiegen. Es war ihnen sichtlich peinlich von Miriam und Jennifer beim Kostümieren entdeckt worden zu sein.

Jennifer nutzte das forsche Herangehen von Miriam und sah sich unauffällig im Raum um. Von Kolja war nichts zu sehen.

Das ist unsere Chance, dachte sie, denn vermutlich wusste nur Kolja von dem Ring. Jetzt ging auch sie auf die Jungs zu.

»Wo steckt denn Kolja?«, fragte sie unschuldig. »Der hat wohl Angst, als Aschenputtel entdeckt zu werden?«

»Kolja spielt den Prinzen!«, stellte Helmut klar. »Außerdem hat er niemals Angst.«

Miriam sah mit einem Seitenblick zu Jennifer hinüber. Sie begriff, dass sie allmählich mit der unauffälligen Befragung der Jungs beginnen musste – solange Kolja nicht zu sehen war.

»Dass ich nicht lache!«, prustete sie los. »Der hat doch nur 'ne große Klappe. Ich wette, in Wahrheit geht dem beim geringsten Anlass die Muffe eins zu tausend.«

Sehr gut, Miriam, dachte Jennifer. So provoziert, würden die Jungs garantiert an alle ihrer Meinung nach mutigen Straftaten von Kolja denken. Heimlich richtete Jennifer den blauen Punkt auf das Gesicht des Jungen in dem Wickelrock, der sofort auf Miriams Unterstellung ansprang.

»Ha, wenn du wüsstest!«, grölte er Miriam eine Antwort zu und dachte: *Zum Beispiel, wie er letzte Woche den Zigarettenautomaten aufknackte. Am hellen Nachmittag! Da hätten wir leicht erwischt werden können. Aber Kolja hatte die Ruhe weg.*

»Wenn ich was wüsste?«, fragte Miriam forschend nach.

Beinahe wäre ihr Trick geglückt. Der Junge war kurz davor, loszuplappern, aber dann biss er sich doch noch rechtzeitig auf die Lippen. Miriam musste innerlich grinsen, denn sie sah den blauen Punkt auf seinem Gesicht.

Das kannst du ruhig für dich behalten, mein Junge, dachte sie. *Jennifer wird längst gehört haben, was du gerade dachtest.*

Jennifer hakte sofort nach: »Ach, lass doch den Milchbubi, Miriam. Der macht doch nur hohle Sprüche. Den würde Kolja doch nie mit auf Tour nehmen.«

Jetzt wurde der Junge sauer. Er ließ sich doch von zwei Mädchen nicht Milchbubi nennen!

»Ihr könnt Kolja ja selbst fragen, ihr dummen Hühner! Dann werdet ihr ja sehen, ob er mich mitnimmt oder nicht!«, schrie er und dachte dabei: *Sogar bei dem Computereinbruch vorgestern war ich dabei. Das war ein ganz großes Ding!*

Sieh an, wir sind auf der richtigen Spur, freute sich Jennifer. Unauffällig stupste sie Miriam an.

Die verstand sofort und trieb die Provokation auf die Spitze: »Ach, du bist doch ein Spinner. Kolja würde dich nur auslachen!«

»Das stimmt überhaupt nicht!« Der Junge überschlug sich jetzt fast mit seiner Stimme, so aufgeregt war er.

Zu gern hätte er den Mädchen erzählt, was er für ein toller Hecht war, aber leider musste er schweigen. Seine Gedanken wirbelten nur so durcheinander: *Die Diebstähle aus den Autos der Lehrer. Ich war dabei! Der große Coup mit den Computern. Die Vorbesprechung im geheimen Keller. Ich war dabei! Als einer der wenigen. Kolja hat volles Vertrauen zu mir!* Aber das alles durfte er nicht sagen. Doch er hatte nicht die geringste Ahnung, dass Jennifer alle diese Gedanken mitgehört hatte. Kolja hatte niemandem etwas von dem Gedankenring verraten.

»Du kannst uns viel erzählen«, setzte Jennifer nach.

Gleich hab ich ihn so weit, dachte sie, *jetzt sag mir nur noch, wo die Computer sind. In dem Keller? Aber wo ist der?*

In dem Moment erschien Kolja hinter dem großen schwarzen Vorhang, der zur Hälfte den Hintergrund der Bühne verdeckte. Kolja hatte eine bunte Mütze aus Samt mit zwei großen gelben Federn auf dem Kopf. Er trug einen rot-goldenen Pullover mit weiten Ärmeln und einer silbernen Schärpe, dazu eine dunkelblaue Kniebundhose, weiße Strümpfe und schwarze Lackschuhe. Er sah aus wie ein echter Märchenprinz. Leider benahm er sich überhaupt nicht so.

»Halt's Maul, Helmut!«, schrie er seinen Komplizen an. »Die Schnepfen wollen dich nur ausfragen!«

»Seht ihr?«, triumphierte Helmut, rückte seine schwarze Perücke zurecht, die ihm etwas verrutscht war, und wandte sich an Kolja: »Ich habe nichts gesagt. Keine Sorge, Kolja.«

Kolja wusste, dass das auch nicht nötig war. Helmuts Gedanken reichten aus um alles zu verraten. Wütend ging er auf ihn los.

»Halt's Maul, hab ich gesagt! Du hast dich überhaupt nicht mit denen zu unterhalten!«

Dann drehte Kolja sich um und marschierte auf Miriam zu.

Die schaltete sofort: *Er denkt, ich habe den Ring!*
»Nichts wie weg!«, schrie sie.

Kolja schrak zusammen.

Jennifer spurtete los. *Auf keinen Fall darf Kolja den Ring noch einmal in die Finger bekommen!*, raste es ihr durch den Kopf.

Aber hinter ihr stand der Junge, der wie ein

Vogel aussah. Jennifer machte eine schnelle Kehrtwendung und sprang durch die hängenden Kleider hindurch auf die andere Seite des Kleiderständers.

Kolja versuchte sie zu fassen, es gelang ihm aber nicht. Wütend stieß er den Kleiderständer beiseite, der auf seinen Rollen quer durch den Musikraum sauste.

Jennifer lief zur Bühne. Kolja wollte hinterher, aber Miriam stellte ihm ein Bein. Kolja stolperte. Jennifer sprang auf die Bühne, verschwand hinter dem schwarzen Vorhang und sah sich blitzartig um.

Hinter dem Bühnenvorhang herrschte ein heilloses Durcheinander.

Vor ihr stand eine große Leiter, die hinauf zu den Scheinwerfern führte. Die Hälfte des schwarzen Vorhanges hing noch von der Decke herunter und knäulte sich rings um die Leiter auf dem Fußboden.

Mit zwei großen Schritten stapfte Jennifer über den Vorhang, an der Leiter vorbei und stand jetzt mitten in einem Wust von herabhängenden Seilen. Jennifer schaute nach oben um herauszufinden, wo die Seile endeten. Sie vermutete, dass man damit den hinteren schwarzen und den vorderen roten Vorhang öffnen und schließen konnte.

»Steht doch hier nicht so blöd rum«, hörte Jennifer Kolja schimpfen, der sich wieder aufrappelte. »Schnappt sie euch!«

Miriam gab dem Vogel, der auf sie zusprang, einen kräftigen Stoß und rannte ebenfalls los.

Kolja lief zur Bühne. Mit einem mächtigen Satz wollte er hinaufspringen. In dem Augenblick aber zog sich der rote Vorhang zu. Jennifer hatte die richtigen Seile gefunden. Kolja verfing sich in dem dicken, schweren Stoff und fluchte.

Miriam rannte aus dem Ausgang zur Teestube. Im Beisein von Tom würden sich die Jungs nicht trauen ihr etwas anzutun. So schnell sie konnte, flitzte sie durch die Gänge. Der Vogel kam hinterher. Der Junge mit dem Wickelrock war hinter Kolja hergespurtet, verheddert sich aber in seinem Rock und fiel der Länge nach auf die Nase.

Jennifer lief die Treppe von der Bühne hinunter zum Hinterausgang. Gott sei Dank war die Tür nicht verschlossen. Von hier musste Kolja gekommen sein.

Jennifer ging durch die Tür und stand in einem kahlen, hässlichen Gang. Wieder blieb sie stehen und schaute sich um. Sie hatte nicht die geringste Ahnung, wo sie war.

Verflixt, dachte sie, *ich hätte einfach öfter das Haus der Jugend besuchen sollen. Wo geht's jetzt weiter?*

Schon hörte sie laute Schritte auf dem Holzfußboden der Bühne. Kolja! Er hatte sich aus dem Vorhang wieder befreit und war hinter ihr her.

Jennifer lief den Gang entlang und flüchtete durch die erste offene Tür, die sie erwischte, in einen kleinen Nebenraum. Von innen schlug Jennifer die Tür zu, drehte sich um – und sah in einen riesigen Spiegel, der auf beiden Seiten mit einer Reihe von Glühbirnen beleuchtet wurde.

Der Schminkraum!, erkannte sie sofort.

Vor dem Spiegel war eine lange Arbeitsplatte an

der Wand befestigt, auf der Kosmetika wild durcheinander lagen: Lippenstifte, Pinsel, Puder, Tücher, Cremes, Dosen, Flaschen, Haarspray.

Jennifer hörte Schritte auf dem Gang. Kolja war ihr auf den Fersen!

Schwer atmend und gehetzt suchte Jennifer den Raum ab. Dort, ein Kleiderschrank! Jennifer öffnete die Tür. Genügend Platz!

Gerade wollte sie in den Kleiderschrank steigen um sich zu verstecken. Dann fiel ihr ein, sie würde sofort im Kleiderschrank nachsehen, wenn sie in diesem Raum jemanden suchen würde.

Ihr Blick fiel auf eine große Korbtruhe. Jennifer sah hinein. Sie war halb mit Wäsche gefüllt.

Das ist es!, fand Jennifer, kroch in die Truhe und bedeckte sich mit der Wäsche.

Da sprang auch schon die Tür zum Schminkraum auf. Kolja stürzte herein. Jennifer hielt den Atem an. Kolja sah sich kurz in dem Raum um, dann riss er in einer blitzartigen Bewegung die Tür des Kleiderschranks auf, wie Jennifer vermutet hatte. Kolja blickte ins Leere. Wütend schmiss er die Tür wieder zu und verließ schimpfend den Raum.

»Euch kriege ich noch!«, war das Letzte, was Jennifer von Kolja hörte.

Sie wartete noch eine Weile, dann krabbelte sie aus dem Korb und schlich hinaus auf den Gang. Da kam gerade Martha, eine der Sozialpädagoginnen im Haus der Jugend, den Gang entlang. Erstaunt blieb sie stehen.

»Wer bist du denn?«, fragte Martha.

124

»Ich bin Jennifer«, sagte Jennifer. »Miriams beste Freundin. Ich dachte, sie wollte bei den Theaterproben zusehen, aber ich finde sie nirgends.«

»Vielleicht ist sie noch vorne in der Teestube, da ist sie sonst immer«, vermutete Martha und fügte hinzu: »Ich muss ohnehin noch etwas von dort holen. Da können wir zusammen gehen.«

»Gerne!«, antwortete Jennifer.

Martha ahnte nicht, wie begeistert Jennifer dieses Angebot annahm. Spitzbübisch grinsend ging sie jetzt Seite an Seite mit Martha nach vorne in den Musikraum, schlenderte fröhlich an Kolja und seiner Bande vorbei, die ihr grimmig hinterhersahen, aber sich wegen der Anwesenheit von Martha nicht trauten irgendetwas gegen sie zu unternehmen.

So gelangte Jennifer unbehelligt in die Teestube, wo Miriam schon aufgeregt wartete. Die beiden hatten sich nun eine Menge zu erzählen.

Ein neuer Hinweis

»Ach, du dickes Ei. Das habe ich in der Aufregung ja ganz vergessen!«, stöhnte Miriam, als Frau Krütz-feld-Loderdorf die Klasse betrat.

Die Lehrerin stellte ihre schwarze Aktentasche auf das Pult und zog einen Packen Papier heraus: Eng-lischarbeit! Noch ehe Frau Krützfeld-Loderdorf die Aufgabenzettel verteilte, stürzte Frank auf Jennifer zu.

»Menschenskinder!«, flüsterte er aufgeregt. »Wo wart ihr denn die ganze Zeit? Du musst mir helfen. Ich habe in Englisch nicht die geringste Peilung. Schnell, gib mir den Ring!«

Jennifer fühlte sich völlig überrumpelt. Sicher, sie hatten darüber gesprochen, dass der jeweils Schlechteste der vier bei einer Klassenarbeit den Ring bekäme um sich bei dem jeweils Besten die Lösungen aus den Gedanken abzulesen. Aber Jen-nifer war dabei trotzdem nicht ganz wohl.

Sie hatte nichts dagegen, wenn jemand während einer Klassenarbeit bei ihr abschrieb. Aber Jennifer hatte ein unbehagliches Gefühl, wenn Frank wäh-rend einer vollen Schulstunde nicht nur die Lösun-gen, sondern auch sonst alle ihre Gedanken hören konnte. Jennifer wusste, dass die Englischarbeit sie nicht so sehr anstrengen würde, dass sie nicht zwi-schendurch auch immer wieder an andere, ganz private Dinge dachte. Sie zögerte.

»Komm schon!«, drängelte Frank.

»Frank, kannst du dich bitte auf deinen Platz setzen?«, fing Frau Krützfeld-Loderdorf bereits an zu nörgeln.

»Ja, sofort!«, antwortete Frank schnell und wandte sich wieder an Jennifer. »Was ist denn jetzt?«, drängelte er erneut.

»Wieso denn du?«, fuhr da Miriam dazwischen. »Ich dachte gerade, ich könnte den Ring bekommen. Ich hab überhaupt nicht mehr an die Arbeit gedacht und bin völlig verloren ohne Jennifers Hilfe.« Jennifer stöhnte auf.

Nervös blickte Frank zur Lehrerin, die noch die Zettel sortierte. Ein paar Sekunden hatte er noch.

»Du kannst ganz normal bei Jennifer abschreiben«, beschwor er Miriam. »Du sitzt doch genau neben ihr. Aber ich sitze dahinten, weit weg von Jennifer.«

Frank sah Jennifer ernst und angespannt in die Augen.

Zögernd zog Jennifer den Ring von ihrem Finger. Schließlich konnte sie ihre Freunde nicht einfach im Stich lassen. Aber mulmig war ihr doch.

»Pass auf!«, sagte sie zu Frank. »Du musst mir versprechen, dass du zuerst die Lösungen bei der Krützdoof suchst. Erst wenn du dort keine findest, weil sie an etwas anderes denkt, darfst du meine Gedanken lesen, okay?«

Frank stimmte zu. In diesem Moment hätte er allem zugestimmt. Blitzartig grabschte er sich den Ring und hetzte zu seinem Platz zurück.

Frau Krützfeld-Loderdorf verteilte die Aufgaben-zettel.

Jennifer blickte kurz auf ihr Papier, nahm sich ihren Füllfederhalter und begann die ersten Lö-sungen in die dafür vorgesehenen Lücken ein-zutragen. Miriam beeilte sich Jennifer dabei über die Schulter zu schauen. Solange noch keine Ruhe in der Klasse eingekehrt war, war die beste Chance, ungeniert abzuschreiben. Hastig schrieb Miriam die gleichen Lösungen aufs Pa-pier wie Jennifer. Jennifer guckte schnell nach vorn. Die Krützdoof verteilte gerade die letzten beiden Zettel.

Schnell wandte Jennifer sich an Miriam.

»Bei der zweiten Lösung bin ich mir nicht sicher, ob es ›shall‹ oder ›should‹ heißen muss«, flüsterte sie Miriam zu.

»Ist gut«, flüsterte Miriam zurück. »Du hast ›shall‹, dann schreibe ich ›should‹, dann haben wir wenig-stens nicht die gleichen Fehler.«

Jennifer nickte. Genau das hatte sie Miriam vor-schlagen wollen. Doch das war nicht nötig. Wenn es ums Schummeln bei Klassenarbeiten ging, war Miriam topfit.

Frank sah verzweifelt auf seine Aufgaben. Schon beim ersten flüchtigen Anblick erkannte er, dass er bei den ersten fünf Fragen völlig aufgeschmissen war.

Er richtete den blauen Punkt auf das Gesicht sei-ner Lehrerin, wobei er peinlich genau darauf ach-tete, dass sie den Ring an seiner Hand nicht sehen konnte. Er wusste, dass sie es sonst sofort Kurt Waldemar weitererzählen würde.

Frau Krützfeld-Loderdorf dachte natürlich überhaupt nicht an irgendwelche Lösungen der Englischarbeit, sondern: *Hoffentlich ist diese Stunde bald rum. Ich muss unbedingt noch mal versuchen Kurt zu erreichen. Seit gestern Abend hat er sich nicht mehr gemeldet. Jetzt fehlt er sogar in der Schule.*

Frank fluchte im Stillen vor sich hin. *Immer nur dieser Kurt.*

Eine Englischlehrerin soll an ihre Klassenarbeit denken – und weiter nichts.

Ob er jetzt schon die Gedanken von Jennifer lesen sollte? Nein! Er hatte ihr versprochen es erst zu tun, wenn er bei der Krützdoof absolut nicht weiterkam. Das Versprechen wollte Frank nicht brechen. Er überlegte einen Augenblick.

Endlich fiel ihm ein Trick ein. Frank meldete sich, wobei er streng darauf achtete, dass der blaue Punkt auf dem Gesicht seiner Lehrerin blieb.

Er fragte laut: »Entschuldigen Sie, kann es sein, dass in der ersten Aufgabe ein Wort eingesetzt werden muss, das wir noch gar nicht hatten?«

»Natürlich nicht!«, gab die Krützdoof barsch zurück und dachte: *Mein Gott, das ist doch nun wirklich leicht, dass das ›would‹ heißt.*

Frank setzte nach: »Komisch. Und bei der zweiten auch nicht?«

»Nein!«, rief die Krützdoof genervt. »Was denkst du denn? Das haben wir alles gehabt. Wenn du aufgepasst hättest, wüsstest du das auch!«

Dabei dachte sie: *Himmel, weiß der denn gar nichts? Das sieht man doch sofort, dass das ›shall‹ heißt! Junge, da wirst du deine Arbeit aber in den Sand setzen.*

»Ist ja schon gut«, murmelte Frank und dachte: *Na also, es geht doch!* Schmunzelnd schrieb er ›would‹ und ›shall‹ auf seinen Zettel.

Die ersten beiden Aufgaben waren schon mal gelöst. Denn natürlich hatte Frank den Gedanken seiner Lehrerin aufmerksam zugehört.

Die dritte bis fünfte Aufgabe sparte Frank sich auf. Später würde er die Krützdoof noch einmal mit einer lapidaren Frage hereinlegen. Die sechste, siebte und achte wusste Frank sogar allein. Dann kam die neunte. Uh, war die schwer!

Frank prüfte, woran seine Lehrerin gerade dachte. Er hörte: *Bestimmt steckt Kurt wieder in seinem Gartenhaus. Wenn ich ihn heute Vormittag nicht erreiche, fahre ich einfach dorthin. Obwohl er es verboten hat. Niemand darf dorthin, hat er gesagt. Was für ein Unsinn!*

Frank dachte einen kurzen Moment über das Gehörte nach. Doch er durfte sich nicht ablenken lassen; er musste schließlich noch verschiedene Lösungen herausbekommen.

Schon gab Jennifer ihre Englischarbeit vorne ab.

Was? Schon so spät? Frank sah hastig auf seine Uhr. Noch zehn Minuten Zeit. Jennifer war wieder einmal als Erste fertig und verließ den Klassenraum.

Warum gibt die blöde Nuss denn so früh ab?, dachte Frank. Jetzt hatte er keine Chance mehr, sich aus Jennifers Gedanken seine Lösungen zu holen. Das geschickte Fragenspiel mit der Krützdoof war auch ziemlich ausgereizt. Panisch ließ Frank den blauen Punkt über die Gesichter seiner Mitschüler streifen. Vielleicht dachte gerade jemand eine Lösung, die er noch nicht hatte?

Da: Kathrin war gerade bei Aufgabe neun. Wunderbar! Frank schrieb die Lösung auf seinen Zettel. Weiter. Thomas? Der dachte schon wieder an seine Sammlung. Ben grübelte über Aufgabe sechs. Die hatte Frank schon. Er suchte weiter. Bernd? Der saß am anderen Ende des Klassenraumes, gleich hinter Jennifer und Miriam, und sah aus dem Fenster. Leider dachte der aber überhaupt nicht an seine Englischarbeit.

Frank hörte: *Heute Abend treffen wir uns wieder im Keller. Bin gespannt, was jetzt mit den Computern passiert.*

Frank erstarrte. Hatte Bernd denn etwas mit dem Computerraub zu tun?

Aufgeregt hielt Frank seine Hand fest, damit der blaue Punkt im Gesicht von Bernd stehen blieb. Mit angehaltenem Atem lauschte er weiter Bernds Gedanken: *Ob Helmut diesmal kommt? Wir treffen uns wieder um fünf vor der Eisdiele. Wie letztes Mal. Nur: Da kam Helmut auch nicht. Und ohne ihn finde ich den Keller nicht. Hoffentlich lässt er mich nicht wieder hängen.*

Frank verstand nichts: Was für ein Keller? Was hatte Bernd mit Helmut zu tun, der eindeutig zu Koljas Bande gehörte? Wollte Bernd etwa in Koljas

Bande einsteigen? War der Keller Koljas Treffpunkt? Frank wollte noch mehr hören.

Aber Frau Krützfeld-Loderdorf kam ihm zuvor. »Na, Bernd, bist du auch schon fertig oder wieso träumst du vor dich hin und schaust aus dem Fenster?«

Bernd zuckte zusammen. »Nein, nein!«, antwortete er und machte sich wieder über seine Englischarbeit her. Aufgabe zehn: ›should have been‹, dachte Bernd und trug es in seinen Zettel ein.

Na, immerhin etwas, dachte Frank und füllte seine Aufgabe zehn aus. Trotzdem ärgerte er sich. Sicher hätte er noch mehr über den Fall herausbekommen, wenn die Krützdoof Bernd nicht aus seinen Gedanken gerissen hätte. Er musste unbedingt mit den anderen darüber reden.

Fünfzehn Minuten später hockten Jennifer, Miriam, Ben und Frank in der Raucherecke zusammen.

»Hast du in meinen Gedanken gelesen?«, fragte Jennifer.

»Nein!«, murrte Frank und gab Jennifer ärgerlich den Ring zurück. »Du bist viel zu früh gegangen! Hättest du nicht bis zum Schluss bleiben können? Jetzt fehlen mir noch drei Aufgaben.«

»Die ganze Zeit habe ich krampfhaft versucht an nichts Privates zu denken, weil ich immer damit gerechnet habe, dass du alles mitbekommst«, maulte Jennifer zurück. »Weißt du, wie anstrengend das ist? Ich konnte einfach nicht mehr. Ich musste endlich mal wieder frei denken. Das ist ja furchtbar, wenn man weiß, dass sich jemand in seinen Gedanken eingenistet hat!«

Das sah Frank ein. »Ist schon gut, es hat ja auch so einigermaßen geklappt«, lenkte er ein und erzählte von Bernds Gedanken.

Jennifer und Miriam sahen sich viel sagend an. »Wir wissen schon, was das mit dem Keller auf sich hat«, unterbrachen sie ihn und berichteten den Jungen ausführlich von ihrer Begegnung mit Koljas Clique im Haus der Jugend. »Und jetzt brauchen wir nur Bernd zu folgen, dann wissen wir auch, wo der Keller ist«, schloss Jennifer ihren Bericht.

»Die können nur die Eisdiele im Einkaufszentrum meinen«, fiel Ben ein. »Die andere bei mir um die Ecke ist doch zur Zeit geschlossen.«

Schnell einigten sich die vier auf einen Treffpunkt am Nachmittag.

Um halb fünf trafen sie sich vor dem Sportgeschäft in der Nähe des Eiscafés. Miriam schaute sich um. Jennifer fehlte. Auch von Bernd war noch nichts zu sehen. Ben sah nervös auf seine Armbanduhr.

Miriam lief schnell hinüber ins Eiscafé und kaufte drei Tüten Eis.

»Wenn Jennifer zu spät kommt, hat sie Pech gehabt«, sagte Miriam und verteilte die Eistüten an Ben und Frank. »Dann gibt es eben kein Eis.«

In dem Moment sah Frank, wie Bernd den Weg entlangkam. »Schnell, rein in den Laden, bevor er uns sieht«, warnte er die anderen. Die drei stürmten ins Sportgeschäft, kamen aber nicht weit.

Kurz hinter dem Eingang wurden sie von einem Wachmann in blauer Uniform angepflaumt: »Mit dem Eis dürft ihr hier nicht rein!«

»Warum nicht?«, fragte Frank verblüfft.

Er war Stammkunde in diesem Laden. Ständig brauchte er für irgendeine seiner vielen Sportarten irgendetwas Neues. Und jetzt wollte so ein unfreundlicher Wachmann ausgerechnet ihn nicht in den Laden lassen, nur weil er ein Eis in der Hand hatte?

Frank wurde wütend. »Halten Sie uns für Babys, die noch kein Eis essen können?«

»Verschwindet!«, blaffte der Wachmann die Kinder an.

»Dann gehen wir eben« lenkte Ben ein und setzte ironisch hinzu: »Sonst zieht Django noch seine Knarre.«

Miriam lachte: »Der Fuzzi hat doch gar keine Knarre. Nur 'ne Stabtaschenlampe. Damit er nicht im Dunkeln steht.«

Jetzt setzte auch Frank noch eines drauf: »Vielleicht hat der Kleine Angst im Dunkeln?«

Der Wachmann bekam rote Ohren vor Wut. »Jetzt langt's mir aber. Haut gefälligst ab!«

Aber die Kinder ließen nicht locker.

»Ach was«, höhnte Miriam. »Django braucht 'ne Lampe, weil er selbst keine große Leuchte ist.«

Die anderen bogen sich vor Lachen.

Der Wachmann ging energisch einige Schritte auf die Kinder zu. »Wenn ihr nicht sofort . . .!«, brüllte er.

Die Kinder sprangen zurück. »Vorsicht, der beißt!«, kreischte Miriam vor Vergnügen.

Der Wachmann sprang vor und versuchte Frank zu fassen, weil der direkt vor ihm stand. Aber Frank huschte mit einer blitzschnellen Drehung zur Seite, wie er es Hunderte Male im Karatetraining geübt hatte.

»Griff ins Leere, Sheriff!«, prustete er los, nahm dann aber die Beine in die Hand. Auf eine ernsthafte Handgreiflichkeit mit dem Wachmann wollte er sich dann doch nicht einlassen.

Die anderen waren sicherheitshalber schon nach draußen gelaufen. Gemeinsam gingen sie ein paar Schritte weiter aus dem Sichtfeld des Wachmanns und hielten sich die Bäuche vor Lachen.

»Verdammter Mist!«, schrie Ben plötzlich und hatte von einer Sekunde auf die andere ein todernstes Gesicht. Die anderen schauten ihn fragend an. Ben zeigte hinüber zur Eisdiele.

»Er ist weg!«, rief Ben. »Verdammt noch mal, wir haben ihn entwischen lassen.«

Miriam und Frank drehten sich erschrocken zur Eisdiele um. Aber auch sie konnten nur feststellen, dass von Bernd keine Spur mehr zu sehen war.

»Verflucht, sind wir dämlich!«, schimpfte Ben. Ärgerlich sah er auf Frank. »Nur, weil du dich mit dem Wachmann anlegen musstest.«

»Na, hör mal«, empörte sich Frank. »Wir haben da ja wohl alle mitgemacht.«

Ben konnte nicht umhin Frank Recht zu geben. Diese Sache hatten sie wirklich gemeinsam vermasselt. Schweigend und niedergeschlagen sahen die vier mit betretenen Gesichtern auf den Fußboden. Nie war die Chance so groß gewesen, dem Computerraub auf die Spur zu kommen. Aber sie hatten alles verpatzt, weil es ihnen wichtiger gewesen war, einen unfreundlichen Wachmann zu ärgern.

»Und Jennifer ist immer noch nicht da«, wunderte sich Miriam. »Die ist doch sonst immer so pünktlich.«

»Ihh«, schrie Ben plötzlich. Die anderen sahen vom Fußboden auf. »Meine Eiswaffel hat ein Leck. Hat jemand ein Taschentuch?«

Frank zerrte ein Papiertaschentuch aus seiner Hose und gab es Ben, der sich das klebrige, zerlaufene Eis von der Hand wischte.

»Gib mir auch gleich mal«, sagte Miriam. »Meine Tüte leckt auch.«

»Die Eistüten lecken hier immer«, erklärte Frank, der sich schon oft, wenn er im Sportgeschäft etwas besorgen musste, anschließend gegenüber ein Eis gekauft hatte. »Die Waffeln in dem Laden taugen einfach nichts.« Er leckte sich das Eis von den Fingern. »Können wir nicht lieber mal überlegen, was wir jetzt machen? Wie wollen wir den Keller ohne Bernd finden?«

»Moment mal!«, sagte Miriam. »Sag das noch mal, Frank!«

Frank schaute sie überrascht an.

»Was soll ich noch mal sagen?«

»Das mit den Eiswaffeln – die sind hier wirklich immer so?«

136

»Nun lasst doch mal die blöden Eistüten«, fiel Ben ärgerlich ein.

»Wenn ich mich recht erinnere, dann hat sich Bernd vorhin auch ein Eis gekauft«, fuhr Miriam unbeirrt fort. »Dann hält er auch eine Eistüte in der Hand, die leckt. Vielleicht hat er, als er ging, eine Eisspur hinterlassen.«

»Miriam, du bist eine echte Kommissarin!«, jubelten die Jungen und umarmten sie. Eine grandiose Idee!

Sofort sprinteten sie hinüber zum Eisladen und schauten auf den Boden. Tatsächlich! Alle zwei Meter war ein dicker Placken geschmolzenes Eis zu sehen.

»Los, hinterher!«, rief Frank freudestrahlend.

»Moment!«, stoppte Ben ihn. »Und was ist mit Jennifer?«

»Wir können jetzt nicht auf sie warten«, entschied Miriam. »Die Eisflecken trocknen. Wenn wir ihnen nachgehen wollen, müssen wir uns beeilen.«

Die drei machten sich auf die Verfolgung.

Gefangen!

»Pst!«, machte Ben. »Ich höre Stimmen.«

Die dunkle, eiserne Kellertür stand einen Spalt weit offen. Ein schmaler Lichtschein schimmerte in dem dunklen Kellergang und eine heisere, krächzende Stimme drang durch die Türöffnung nach draußen. Das war Koljas Stimme!

Die Kinder hatten nicht lange gebraucht um den Keller zu finden. Bernds Eisspur war überdeutlich und hatte sie zu einem Fahrstuhl geleitet, mit dem sie dann direkt in den Keller des Einkaufszentrums gefahren waren. Unten führte die Eisspur bis vor die dunkle Kellertür, vor der die Kinder jetzt standen.

Koljas Treffpunkt war im Keller des Einkaufszentrums! Darauf wären sie nie gekommen. Wie gut, dass auch Bernds Eistüte ein Leck gehabt hatte!

Ben schlich sich ganz nah an die Kellertür heran. Er hörte Kolja: »Die Sache mit den Computern hat tadellos funktioniert. Niemand hat uns im Verdacht. Im Gegenteil: Ich habe gehört, Ben und Frank werden verdächtigt die Kisten geklaut zu haben. Ausgerechnet diese beiden Flachpfeifen!« Aus dem Raum hallte höhnisches Gelächter.

»Dieser gemeine Kerl!«, zischte Frank draußen vor der Tür. Miriam stieß ihn in die Seite und hielt sich den Zeigefinger vor den Mund.

»Pst! Bist du verrückt?«, flüsterte sie. »Halt bloß den Mund! Sonst erwischen sie uns noch.«

»War da irgendwas?«, hörten sie Kolja fragen.

Die Kinder hielten den Atem an. Nervös sah Ben sich nach einer Fluchtmöglichkeit oder einem Versteck um.

Keine Chance, dachte er. *Wenn die uns entdecken, ist es aus.*

Aber zum Glück redete Kolja schon wieder weiter: »Nur, dass ihr mir schon wieder hinterherschnüffelt, passt mir überhaupt nicht. Ich möchte wissen, was euch das alles angeht?«

Ben, Frank und Miriam lauschten an der Tür und hörten auch die Antwort auf die Frage, die Kolja irgendjemandem gestellt hatte. War da etwa noch jemand hinter Kolja her?

»Es ist eine Gemeinheit, die Computer der Schule zu stehlen. Du weißt ganz genau, dass damit für drei Schulen der Computerunterricht ausfällt!«

Ben, Frank und Miriam waren entsetzt. Das, was sie da gehört hatten, war Jennifers Stimme!

»Sie müssen sie heute nach der Schule geschnappt haben, diese brutalen Kerle!«, schimpfte Miriam im Flüsterton.

Die Kinder hielten den Atem an und lauschten weiter.

»Ich möchte mal wissen, was ihr mit mir vorhabt?«, hörten sie Jennifer fragen.

»Ich habe es nicht gern, wenn mir jemand nachspioniert. Ich will in Ruhe die Computer verkaufen. Es ist so schon schwer genug. Aber vor allem will ich den Ring zurückhaben«, antwortete Kolja.

Der Ring! Ben fiel ein, dass Frank den Ring nach

139

der Englischarbeit Jennifer gegeben hatte. Die hatte ihn eingesteckt und dann behalten. Und ausgerechnet Jennifer hatte Kolja sich jetzt geschnappt. Wusste er, dass Jennifer den Ring hatte? Auch Frank und Miriam begannen vor Aufregung zu schwitzen.

»Was denn für einen Ring?«, fragte Helmut.

Die Antwort von Kolja kam ebenso prompt wie barsch: »Das geht dich überhaupt nichts an. Die haben einen Ring von mir.« Kolja zeigte auf Jennifer. »Den will ich wiederhaben.«

»Es ist Bens Ring!«, stellte Jennifer fest.

»Ich will ihn haben – und du weißt auch, warum«, entgegnete Kolja.

Helmut verstand gar nichts mehr.

»Gibt es jetzt nichts Wichtigeres, als sich um einen albernen Ring zu streiten?«, wollte er wissen.

Zack!

Die Kinder draußen vor der Tür zuckten zusammen. Jemand wurde geschlagen. *Geht Kolja nun auf Jennifer los?*, fragten sie sich besorgt. Sie konnten nicht sehen, wie sich drinnen im Kellerraum Helmuts Wange dunkelrot färbte. Ansatzlos hatte Kolja ihm eine schallende Ohrfeige verpasst.

Meine Chance!, schoss es Jennifer durch den Kopf.

»Wenn ich sage, ich brauche den Ring, dann brauche ich ihn, oder hast du was dagegen?«, schimpfte Kolja.

Helmut wich kleinlaut zurück. Bernd und zwei weitere Jungs, die mit im Keller standen, schwiegen vorsichtshalber.

Sie wissen nichts von dem Ring, folgerte Jennifer richtig. *Das ist vielleicht eine Möglichkeit, hier zu entkommen. Sie dürfen den Ring nicht finden. Kolja weiß nicht, dass ich ihn habe!*

Jennifer nutzte den Streit zwischen den Jungen. Heimlich griff sie in ihre Hosentasche, in die sie den Ring gesteckt hatte, kurz bevor Kolja und seine Kumpane ihr auf dem Heimweg aufgelauert und sie gefangen genommen hatten. Mit einer schnellen Bewegung steckte Jennifer sich den Ring in den Mund.

Jetzt such mal schön nach dem Ring, dachte sie.

Sie schob sich den Ring hinter ihren hintersten Backenzahn; dorthin, wo sie auch immer die Karamellbonbons aufbewahrte, wenn sie während des Unterrichts etwas gefragt wurde. Den Trick beherrschte Jennifer perfekt. Sie konnte mit Bonbon im Mund ganz normal reden. Noch nie hatte ein Lehrer bemerkt, dass sie Bonbons lutschte, während sie mit ihnen sprach, und auch Kolja würde nichts merken. Denn der Ring war auch nicht größer als ein dickes Karamellbonbon.

Kolja kam ganz nah an Jennifer heran, packte sie am Kragen und fauchte ihr ins Gesicht: »Wo ist der Ring? Wer hat ihn?«

Ben, Frank und Miriam atmeten draußen vor der Kellertür auf. Kolja wusste offenbar nicht, dass Jennifer den Ring besaß. Aber wieso sah er ihn nicht an Jennifers Hand? Hatte Jennifer den Ring überhaupt noch?

Dachte ich es mir doch, feixte Jennifer innerlich.

Sie streckte Kolja brav ihre Hände entgegen und drehte sie sogar so, dass Kolja sie von beiden Seiten sehen konnte.

»Dreimal darfst du raten«, entgegnete sie schnippisch.

Kolja grinste böse: »Da brauche ich gar nicht zu raten«, höhnte er und gab seinen Kumpels ein Zeichen. Zwei Jungen kamen vor, hielten Jennifer an den Armen fest, während Bernd und Helmut begannen sie gründlich zu durchsuchen.

»Lasst mich gefälligst los!«, fluchte Jennifer und strampelte mit den Beinen. Es nützte nichts.

Ben, Frank und Miriam lauschten angespannt. Was machten sie mit Jennifer?

Bernd und Helmut durchforsteten Jennifers sämtliche Taschen, zogen ihr sogar Schuhe und Strümpfe aus um dort nach dem Ring zu suchen. Vergeblich.

Gott sei Dank habe ich den Ring rechtzeitig im Mund versteckt, atmete Jennifer innerlich auf.

»Du bleibst so lange hier, bis der Ring da ist. So einfach ist das.«

Ben, Frank und Miriam sahen sich ängstlich an. Kolja wollte Jennifer weiterhin gefangen halten! Sie war Koljas Geisel. Er wollte sie gegen den Ring eintauschen. Das also war Koljas Plan. Deshalb saß sie hier gefangen im Keller.

Das wurde jetzt auch Jennifer klar. Sie schluckte. Kolja durfte den Ring auf keinen Fall ein zweites Mal in die Hände bekommen. Was sollte sie bloß tun? Hoffentlich fiel den anderen etwas ein. Aber die wussten ja nicht einmal, wo sie war.

»Er hat Jennifer als Geisel!«, fluchte Ben draußen vor der Kellertür leise vor sich hin.

»Pst!«, machte Frank. »Wir sollten jetzt hier verschwinden und überlegen, was zu tun ist.« Aber es war schon zu spät.

»Verdammt, da war doch was!«, rief Helmut aus dem Kellerraum. »Ich sehe mal nach.«

Ben schoss das Blut in den Kopf. Sein Puls pochte in den Adern. »Weg!«, schrie er und knallte die Kellertür zu. »Lauft weg!«

Ben!, dachte Jennifer. *Das war doch Bens Stimme!*

Dann schrie sie: »Ben! Ich bin hier. Lauft weg! Sie haben euch entdeckt!«

Frank und Miriam stürzten zum Fahrstuhl. Ben stemmte sich gegen die Kellertür.

Von innen schmiss Helmut sich dagegen. »Schnell!«, rief er. »Da draußen hält jemand die Tür zu.« Kolja, Bernd und die anderen zwei stemmten sich gegen die Tür.

»Komm, Ben!«, schrie Frank vom Fahrstuhl aus.

»Nein, fahrt los!«, rief Ben zurück. »Sonst habt ihr keine Chance, der Fahrstuhl ist zu träge. Schnell! Lange kann ich die Tür nicht mehr zuhalten!«

Schon spürte Ben den nächsten kräftigen Stoß gegen die Tür, der von innen kam.

»Ich versuche es über die Treppe!«, schrie Ben.

»Das schaffst du nicht!«, erwiderte Frank.

»Himmel, nun fahrt doch endlich!«, krächzte Ben, ➡

der sich auch beim dritten Stoß ächzend gegen die Tür stemmte.

Frank verschwand im Fahrstuhl, die Tür schloss sich und Ben sah, wie der Fahrstuhl abfuhr.

»Los, jetzt alle!«, hörte Ben von innen. »Eins, zwei…«

Das ist meine Chance, dachte Ben.

Bei »drei« ließ er die Tür los und rannte, so schnell er konnte, zur Kellertreppe. Im Hintergrund hörte er, wie Kolja und die anderen sich gegen die Tür schmissen. Da der Widerstand jetzt aber fehlte, krachten sie durch die offene Tür gegen die gegenüberliegende Wand und purzelten fluchend durcheinander.

Ben hatte die Tür des Treppenhauses erreicht, schnappte nach dem Griff und wollte die Tür aufreißen. Sie war verschlossen. Ben rüttelte wild an der Tür, aber es half nichts. Die Tür war zu.

Grinsend erhob sich Kolja vom Fußboden, klopfte sich den Staub von der Kleidung und kam langsam auf Ben zu.

»Pech gehabt, Milchgesicht«, frotzelte er. »Kleine Sicherheitsmaßnahme von mir. Die Tür schließe ich immer ab, bevor wir mit unseren Sitzungen beginnen.«

Ben saß in der Falle. Er blickte sich noch einmal im Kellergang um. Nichts. Es gab keine Chance, zu entkommen. Der einzige Ausweg führte über den Fahrstuhl, aber der war gerade mit Frank und Miriam abgefahren.

Blitzartig drehte Ben sich um, rüttelte noch einmal

kräftig an der Tür und warf sich dann wütend mit dem Kopf dagegen.

Kolja lachte. »Da ist mir ja ein netter Fisch ins Netz gegangen. Bald habe ich eure ganze Clique. Vielleicht hast *du* den Ring bei dir?«

Der Ring!, dachte Ben. Jennifer muss ihn haben. Aber er hat ihn noch nicht gefunden.

»Pech gehabt«, grinste Ben zurück und schwindelte Kolja an: »Frank hat den Ring. Du weißt doch, er ist der Stärkste von uns. Und sicher ist sicher.«

»Das wollen wir doch mal sehen«, sagte Kolja und schnippte mit den Fingern.

Sofort machten sich die anderen Jungen über Ben her und begannen ihn grob und gründlich zu durchsuchen, so wie zuvor Jennifer. Natürlich wieder vergeblich.

»Nichts!«, meldeten sie Kolja.

Kolja überlegte einen Moment, dann sagte er zu Ben: »Glück gehabt, Milchgesicht. Ich lasse dich laufen. Aber nur, damit du Zeit hast den Ring zu holen. Solange bleibt eure kleine Jenni nämlich hier im Keller. Verstanden? Und jetzt verpiss dich!«

Kolja gab Ben noch einen kräftigen Tritt in die Seite. Ben stöhnte leicht auf, rief den Fahrstuhl und fuhr hoch ins Einkaufszentrum.

Oben warteten Frank und Miriam. Aufgeregt sprangen sie auf Ben zu.

Ben erzählte, was unten im Keller passiert war.

»Und jetzt?«, fragte Frank.

»Jetzt haben wir noch ein Problem mehr«, stellte Miriam fest. »Die Computer haben wir immer noch ➡

nicht wieder. Was wir mit dem Ring machen sollen, ist ebenfalls unklar. Im Moment auch ziemlich egal, denn der Ring ist bei Jennifer. Und Jennifer ist weg: gefangen von Kolja. Aber nach wie vor ist uns der Wilde Waldemar auf den Fersen. Irgendwie haben wir in diesem Fall nicht das glücklichste Händchen.«

»Das ist leider wahr«, stimmte Ben zu. »Aber jetzt ist Schluss. Wir machen dem Spektakel jetzt ein Ende.«

Ben wartete die Frage von Frank und Miriam gar nicht erst ab, sondern holte zu einer Erklärung aus. »Der Ring ist der Schlüssel all unserer Probleme. Wir müssen den Ring kaputtmachen. Dann kommt Jennifer automatisch frei, weil Kolja keinen Grund mehr hat, sie festzuhalten. Der Wilde hört auf uns zu beschatten. Selbst wenn wir den Computerdiebstahl dadurch nicht aufklären. Es ist wichtiger, Jennifer zu befreien.«

»Klingt ja alles ganz hübsch«, warf Miriam ein. »Aber wie willst du den Ring zerstören, wenn wir ihn gar nicht haben?«

»An der Quelle!«, antwortete Ben.

Eine aufregende Nacht

Miriam und Frank saßen zusammen mit Ben in seinem Zimmer. Miriam hatte zahllose Drähte, Kabel, Schraubenzieher, Lötkolben und Fachzeitschriften beiseite geschoben um Platz zum Sitzen zu haben.

Sie saß im Schneidersitz auf dem Fußboden, Frank und Ben daneben.

Miriam sah auf ein Blatt Papier, das in der Mitte auf dem Boden lag.

»Du meinst also«, fasste sie das bisherige Gespräch zusammen, »der Wilde macht seine Computerexperimente in seinem Gartenhaus?«

Sie malte mit einem schwarzen Filzschreiber ein kleines Häuschen auf das Blatt Papier.

»Anders sind die Gedanken nicht zu deuten, die Frank bei der Krützdoof gehört hat«, antwortete Ben, an den Miriams Frage gerichtet war. »Aber woher wissen wir, wo sich das Gartenhaus befindet?«

»Das weiß ich«, bemerkte Frank. »Er hat es doch erst im letzten Jahr gekauft und von Grund auf renoviert. Unsere Schulfußballmannschaft hat damals geholfen das Haus zu streichen. Der Wilde hat uns dafür den Turnierpokal und drei neue Lederbälle spendiert und ...« Frank machte eine kleine Kunstpause. Er strahlte in Erinnerung an die Spende jetzt noch übers ganze Gesicht und schwärmte: »... echte Netze für die Tore. Wir sind

147

die einzige Schulmannschaft, die Netze an den Toren hat!«

Miriam schüttelte den Kopf: »Erstaunlich, womit man Jungs glücklich machen kann.«

»Das ist doch jetzt schnuppe«, unterbrach Ben, der selten Fußball spielte und sich folglich auch nichts aus Tornetzen machte. »Jedenfalls wissen wir, wo das Gartenhaus ist.«

»Okay.« Miriam malte zwei rote Pfeile links und rechts vom Häuschen aufs Papier und einen roten Punkt unterhalb des Häuschens.

»Ben und Frank, ihr geht von verschiedenen Seiten ans Haus heran. Wenn jemand etwas mitbekommt, wird im Zweifel nur einer von beiden erwischt. Ich stehe hier unten vor dem Haus. Von dort aus kann ich beide Seiten gleichzeitig beobachten und euch warnen, wenn etwas los ist.«

»So wie in der Schule?«, fragte Frank argwöhnisch. Er verspürte wenig Lust, sich vom Wilden schon wieder bei einem Einbruch erwischen zu lassen.

»Nun mach dir mal nicht in die Hose«, frotzelte Miriam. »Beim Wilden seid ihr ohnehin unten durch.«

Frank schwieg.

Ben machte weiter: »Außerdem müssen wir uns beeilen um Jennifer frei zu kriegen. Heute Nacht geht's los.«

»Aber wie bringen wir das unseren Eltern bei?«, jammerte Frank.

Miriam lachte laut auf. »Na, das ist doch echt ein

148

alter Hut. Du sagst deinen Eltern, dass du bei Ben schläfst. Und Ben macht es umgekehrt. Schon ist alles geritzt. Und ich rufe Jennifers Eltern an und sage, dass sie bei mir schläft. Dann machen die sich auch keine Sorgen, wo Jennifer bleibt. Na, und meinen Eltern sage ich, ich bin bei Jennifer.«

»Moment mal«, warf Frank ein. »Jennifers Eltern werden sich doch fragen, wieso Jennifer nicht selbst anruft.«

Miriam schüttelte verständnislos den Kopf. »Sei doch nicht so einfallslos«, wies sie Frank zurecht. »Ich sage natürlich, Jennifer steht gerade unter der Dusche und dreht sich noch die Haare ein für eine kleine Party. Und wir müssten uns ohnehin schon beeilen. Deshalb habe ich schnell angerufen.«

»Mannomann, wenn das mal nicht auffliegt«, staunte Frank.

»Das fliegt nicht auf«, war Miriam überzeugt. »Es sei denn, jemand von euch hat Eltern, die ihm hinterherschnüffeln. Hat jemand solche Eltern?«

Die Jungen verneinten.

»Na, also«, sagte Miriam zufrieden. »Außerdem mache ich das schließlich nicht zum ersten Mal so.« Sie zwinkerte Frank zu. »Wenn du öfter mal auf einer Wochenendparty wegbleiben willst, dann lernst du so etwas ganz schnell«, lachte sie. »Das ist sozusagen das kleine Einmaleins der Elternberuhigung.«

Ben und Frank grinsten sich an: Das war mal wieder typisch Miriam. Wenn es darauf ankam, war sie mit allen Wassern gewaschen.

»Und du meinst, du kannst mit der Computeranlage vom Wilden den Ring funktionslos machen?«, fragte Frank noch einmal nach und guckte Ben an.

»Ich weiß es nicht«, antwortete Ben. »Ich weiß nur, wo ein Programm entstanden ist, kann man es auch wieder löschen. Wir müssen es versuchen.«

»Also, auf heute Nacht!«, sagte Miriam und hatte ein abenteuerliches Blitzen in den Augen.

Jennifer hockte unterdessen in einer Ecke des Kellerraumes. Vor ihr saßen Kolja, Helmut, Bernd und die beiden weiteren Jungs aus Koljas Bande um einen Tisch herum und berieten, was sie mit Jennifer machen sollten.

Während Jennifer ihnen aufmerksam zuhörte, sah sie sich in dem Raum um. Zu ihrer Linken war ein kleines vergittertes Fenster. Es führte aber nur zu einem Luftschacht. Durch das Fenster hindurch sah man auf eine Betonmauer. Das Fenster schied also als Fluchtweg aus.

Jennifer schaute sich weiter um. Offensichtlich traf sich Koljas Bande sehr oft hier. Jedenfalls hatten sie es sich relativ gemütlich gemacht. An der einen Wand stand ein altes Sperrmüllsofa. Davor war ein großer runder Holztisch, um den sich vier Stühle gruppierten. Kolja saß auf dem Sofa, Helmut und die anderen drei auf den Stühlen. Bernd als Neuling hockte auf einer umgekippten Bierkiste etwas abseits. An der Wand hinter dem Tisch stand noch ein alter, abgewetzter Kleiderschrank. Der Raum war hell mit einer Neonlampe beleuchtet.

Hell genug für den Ring, dachte Jennifer. *Mich würde interessieren, wo sie die Computer haben. Hier im Keller scheinen sie nicht zu sein. Haben sie noch ein Versteck?*

Aber Jennifer fand es zu gefährlich, den Ring zu benutzen. Zu leicht könnte Kolja den blauen Punkt auf dem Gesicht eines der Jungen erkennen.

Da kam ihr eine Idee. Sie erinnerte sich, dass nur Kolja von dem Ring wusste. Er hatte es seinen Kumpels verschwiegen, weil er es für zu gefährlich hielt, die anderen in die Geheimnisse des Ringes einzuweihen. Niemandem außer Kolja würde also der blaue Punkt auffallen. Jennifer musste nur dafür sorgen, dass Kolja den Raum verließ. Dann hätte sie freien Zugang zu den Gedanken der anderen. Aber wie sollte Jennifer Kolja hier wegbekommen?

Miriam hatte sich schützend hinter einen Baum gestellt. Etwa fünfzig Meter vor sich sah sie das Gartenhaus ihres Lehrers. Es war alles dunkel und still. Miriam kniff die Augen zusammen um in der Dunkelheit besser sehen zu können. Sie wartete auf die Lichtzeichen von Frank und Ben. Aber es blieb dunkel. Miriam schob den linken Ärmel ihres Pullovers hoch und sah auf das Leuchtzifferblatt der Armbanduhr, die Ben ihr geliehen hatte. Die Uhr zeigte Mitternacht an.

Eigentlich hätten die beiden schon da sein müssen. Aber es war nichts zu sehen. Miriam schaute angestrengt in die Dunkelheit.

Plötzlich hielt sie den Atem an. Hinter ihr knackte etwas. Miriam horchte konzentriert in die Dunkelheit hinein.

Nichts.

Langsam drehte sie sich um. Wieder ein Knacken.

Da schleicht sich jemand heran, schoss es ihr durch den Kopf.

Sie spürte, wie ihr Puls schneller ging. Auf der Stirn ließen sich kleine Schweißperlen nieder.

Miriam bekam Angst. Sie atmete tief durch, versuchte sich zur Ruhe zu zwingen um die aufsteigende Angst zu bekämpfen. Sie wusste, dass sie jetzt keinen Fehler machen durfte, wenn sie Frank und Ben nicht gefährden wollte.

»Angst ist eine gute Voraussetzung für kluges Handeln. Wenn man den Mut hat, sie zu überwinden«, hatte Miriams Vater einmal gesagt, als sie sich nicht traute das erste Mal vom Zehnmeterbrett im Schwimmbad zu springen.

Wieso fielen ihr ausgerechnet jetzt die Sprüche ihres Vaters ein?

Sie wollte nicht geschnappt werden. So einfach war das.

Miriam setzte sich vorsichtig in die Hocke und bemühte sich mucksmäuschenstill zu bleiben. Ihr Herz pochte.

Sie war damals nicht vom Zehnmeterbrett gesprungen, trotz der weisen Ratschläge ihres Vaters. Erst ein halbes Jahr später, als sie einem gut aussehenden Jungen imponieren wollte, war sie gesprungen. Es war plötzlich ganz leicht gewesen. Nur leider hatte der Junge damals gar nicht hingesehen.

Nochmals ein Knacken. *Als ob jemand auf Holz tritt.* War das nur ein Tier, das durch die Nacht streifte? Oder schlich sich da wirklich jemand an? Miriam überlegte fieberhaft, was sie tun sollte. Sie blieb erst einmal einfach in der Hocke sitzen. Das Knacken wurde lauter.

Das Etwas kommt näher, dachte Miriam.

Langsam und leise setzte sie einen Fuß vor den anderen und schlich um den Baum herum, so dass sie jetzt das Gartenhaus im Rücken hatte und der Baum schützend zwischen ihr und dem Knacken stand.

Miriam sah nicht, wie hinter ihr, links und rechts vom Haus, zwei Lichter kurz aufblitzten. Frank und Ben hatten ihre verabredeten Zeichen gegeben und warteten darauf, dass Miriam antworten würde.

Jennifers Magen begann zu knurren. Sie hatte Hunger. Zehn Stunden hockte sie nun schon in dem Keller. Die beiden Jungs hatten die Versammlung schon verlassen. Kolja, Bernd und Helmut saßen um den Tisch herum. Noch immer hatten sie keine Idee, was sie mit Jennifer machen sollten.

»Sie weiß doch jetzt alles«, meckerte Helmut los. »Und wie ich die kenne, wartet sie nur darauf, uns zu verpfeifen.«

»Nun mal langsam«, erwiderte Kolja. »Sie kann uns überhaupt nichts beweisen. Was weiß sie denn schon? Nur, dass wir uns hier im Keller getroffen haben. Was ist schon dabei?«

»Und dass wir die Computer geklaut haben!«, fiel Bernd ein.

»Das kann sie bloß nicht beweisen«, konterte Kolja.

Wenn ich jetzt seine Gedanken lesen könnte, dachte Jennifer. *Jetzt denkt er bestimmt daran, wo die Computer sind.*

Jennifer überlegte, was sie unternehmen könnte.

Ein Täuschungsmanöver!, fiel ihr ein.

Jennifer schlich sich langsam zur Tür. Sie tat es so leise, dass es heimlich genug wirkte, andererseits aber so laut, dass die anderen es einfach bemerken mussten. Das sollten sie auch. Jennifer war schon fast an der Kellertür angekommen, als Kolja sich nach ihr umdrehte.

»Ey, will die etwa türmen?«, brüllte er und sprang auf.

»Geht doch gar nicht«, rief ihm einer der Jungs hinterher. »Ich habe die Tür doch abgeschlossen. Der Schlüssel liegt hier auf dem Tisch.«

»Dann ist da draußen jemand!«, vermutete Kolja. Er rannte zurück zum Tisch, griff sich den Schlüssel und eilte wieder zur Tür.

Jennifer wich zurück. Sie war mit sich zufrieden. Kolja war auf ihren Trick hereingefallen! Kolja schloss die Kellertür auf und stürmte nach draußen. Jetzt hieß es für Jennifer, schnell zu handeln. Sie pulte den Ring aus ihrem Mund und ließ den blauen Punkt auf Helmuts Gesicht erscheinen.

Sofort hörte sie dessen Gedanken: *Allmählich wird mir die Sache zu heikel. Es wird Zeit, die Computer schnell los zu werden. So raffiniert und sicher, wie Kolja denkt, ist der Gully in der Schule nämlich auch nicht.*

Jennifer stockte der Atem.

Die Computer sind noch in der Schule! Besser gesagt, unter der Schule! Deshalb hat Kolja die Computer so leicht wegtransportieren können.

Jennifer erinnerte sich, dass direkt vor dem Schulgebäude, in dem sich der Computerraum befand, ein Gully auf dem Schulhof war.

Kolja hatte einfach nur den Deckel geöffnet und die Computer dort unten in den Gang der Kanalisation gestellt!

»Da ist nichts!« Kolja kam wieder in den Raum.

Hastig zog Jennifer sich den Ring vom Finger und steckte ihn wieder in den Mund. Mit wenigen geübten Zungenbewegungen jonglierte sie den Ring an seinen Platz hinter dem Backenzahn.

Ich muss etwas tun, dachte Miriam. *Wer immer dort herumschleicht, er darf Ben und Frank nicht entdecken.*

Miriam erinnerte sich an etwas, das sie schon hundertmal in irgendwelchen Filmen gesehen hatte: Vorsichtig tastete sie mit einer Hand auf dem Fußboden herum, bis sie einen Stein gefunden hatte. Dann warf sie den Stein in die Dunkelheit hinein, hielt still und horchte.

Tatsächlich. Ein, zwei Schritte lang bewegte sich

das Knacken in die Richtung, in die der Stein geflogen war.

Kein Zweifel, schoss es Miriam durch den Kopf. *Da schleicht sich jemand heran. Also dann los!*

Miriam fasste sich ein Herz und lief in die Dunkelheit, in die sie auch den Stein geworfen hatte. Nach etwa zwanzig Schritten blieb sie stehen, hockte sich wieder auf den Boden und horchte. Das Knacken war leiser geworden, bewegte sich aber eindeutig in ihre Richtung.

Gut so, dachte Miriam. *Komm nur zu mir. Verfolge mich. Wir machen jetzt nämlich einen kleinen Waldspaziergang. Immer weiter weg vom Haus.* Dann lief Miriam wieder zwanzig Meter in die Dunkelheit, tiefer in den Wald hinein.

»Dann können wir wohl gehen, oder?«, fragte Bernd.

Kolja nickte. Alle drei Jungen gingen hinaus. Vorher löschten sie das Licht. Anschließend schlossen sie die Tür von außen zweimal ab.

Jennifer saß allein in dem dunklen Keller. Sie tastete sich zum Lichtschalter und knipste ihn an. Aber es blieb dunkel.

»Mist!«, schimpfte sie vor sich hin. »Jetzt haben sie draußen die Sicherung herausgedreht.«

Niedergeschlagen tastete Jennifer sich weiter und legte sich auf das alte Sofa. Ihr Hunger wurde immer unerträglicher.

Allmählich gewöhnten sich ihre Augen an die Dunkelheit. In schwachen Umrissen konnte sie den

Tisch, die Stühle und sogar die Umrisse des Schrankes erkennen.

Sie ging zum Schrank, indem sie vorsichtig einen Fuß vor den anderen setzte, öffnete die Schranktüren und tastete mit der Hand über die Borde. Plötzlich fühlte sie eine kurze, runde Stange. Sie ritzte mit dem Fingernagel in deren Oberfläche. Kein Zweifel: Wachs! Jennifer hatte eine Kerze gefunden.

Sie fummelte aufgeregt in ihren Hosentaschen. Hatte sie nicht noch vor kurzem ein paar Streichhölzer in der Tasche gehabt? Fehlanzeige. Jennifer erinnerte sich, dass Kolja vorhin eine Zigarette geraucht hatte. Klar, Kolja, der große King, musste natürlich rauchen! Wenn sie Glück hatte, lagen noch Streichhölzer auf dem Tisch.

Jennifer hastete dorthin zurück. Sie übersah einen Stuhl und stieß mit der Kniescheibe dagegen. Jennifer schrie auf, fiel zur Seite auf den kalten Fußboden und hielt sich das schmerzende Knie. Die Kerze entschlüpfte ihren Händen und kullerte irgendwo ins schwarze Nichts.

Wütend trat Jennifer mit ihrem gesunden Bein gegen den Stuhl. Laut scheppernd knallte er auf den Boden. Jennifer rappelte sich auf und humpelte langsam zum Tisch. Sie fühlte mit den Händen über die Tischplatte. Tatsächlich! Eine Streichholzschachtel. Jennifer schüttelte sie und hörte, dass noch einige Hölzchen darin waren.

»Yeah!«, rief sie aus und stieß eine Faust in die Luft, wie Steffi Graf es manchmal machte, wenn sie einen Satzball verwandelt hatte.

Aber wo war jetzt die Kerze? Behutsam öffnete Jennifer die Schachtel, wobei sie gewissenhaft ertastete, dass die Öffnung nicht versehentlich nach unten zeigte. Dann zählte sie mit den Fingern ab, wie viele Hölzchen noch in der Schachtel waren. Für einen Moment dachte sie daran, wie anstrengend es sein musste, blind zu sein. Zehn Streichhölzer lagen noch in der Schachtel. Jennifer nahm fünf heraus und schloss die Schachtel wieder.

Fünf Streichhölzer für die Suche nach der Kerze, dachte sie. *Zwei, um die Kerze zu entzünden. Drei als Reserve für die Nacht.*

Jennifer ging in die Hocke und steckte das erste Streichholz an. Auch mit der kleinen Flamme konnte sie höchstens einen Meter weit in die Dunkelheit blicken. Mit dem brennenden Hölzchen in der Hand kroch Jennifer den Fußboden entlang. Aber sie sah nichts von einer Kerze. Vielleicht unter dem Sofa?

»Autsch!« Jennifer zuckte zusammen und wedelte mit ihrer Hand in der Luft. Das Streichholz war abgebrannt und hatte ihr Zeigefinger und Daumen angesengt.

»Ganz ruhig bleiben, Mädchen!«, redete Jennifer sich zu.

Plötzlich hörte sie Schritte. Jennifer blieb mucksmäuschenstill sitzen. Was war das? Kam jemand von Koljas Bande zurück? Oder kam jemand Fremdes, den sie um Hilfe bitten könnte?

Das Licht ging an. Jennifer schrak zurück und legte ihren Arm vors Gesicht um sich vor dem grellen Licht zu schützen. Jemand hatte auf dem Flur die Sicherung wieder hereingedreht. Jennifer nahm langsam den Arm hinunter, sah sich im Keller um und musste kurz lächeln. Direkt neben ihr auf dem Sofa lag die Kerze.

Da hätte ich lange auf dem Fußboden suchen können, dachte sie.

Ein Schlüssel wurde ins Schloss gesteckt. Jennifer konzentrierte sich wieder auf die Tür, die langsam aufging. Ein schwarzhaariger Kopf schaute herein. Auch das noch: Kolja!

Miriams Plan schien zu funktionieren. Immer weiter lockte sie den Verfolger in den Wald. Von Waldemars Gartenhaus war von dieser Position aus in der Dunkelheit schon nichts mehr zu sehen.

Miriam blieb wieder kurz stehen, horchte, ob das Knacken ihr folgte. Sie hörte nichts.

Hatte sie den Verfolger abgeschüttelt? Oder war er einfach wieder umgekehrt um sich nicht vom Haus zu entfernen?

Als sie das letzte Mal stehen geblieben war, waren die Schritte und das Knacken doch noch zu hören gewesen.

Miriam hob den Kopf in die Dunkelheit und horchte konzentriert in die Umgebung.

Nichts.

Sie drehte den Kopf ein wenig.

Nichts.

Oder? Doch, da war es wieder! Aber aus der entgegengesetzten Richtung. Das Knacken kam von hinten. Es war ganz nah.

Miriam fuhr herum.

Dort! Ein Schatten!

Miriam wollte zurückspringen. Eine Taschenlampe blitzte auf. Der Lichtstrahl traf Miriam genau in die Augen. Miriam duckte sich, hielt sich die Hände vor die Augen. Sie konnte nichts erkennen als einen Schatten. Den Schatten eines Menschen, der größer wurde. Immer größer. Er war nur noch wenige Meter von ihr entfernt. Miriam schluckte.

»Miriam!«, sagte eine Stimme, die Miriam sofort erkannte. Vor ihr stand in voller Größe ihr Lehrer Kurt Waldemar!

Das Programm

»Frank, bist du es?«

»Nee, ich bin der Osterhase.«

»Auch gut. Hast du Miriams Zeichen gesehen?«

»Nein.«

Ben und Frank hatten vergeblich auf das Lichtzeichen von Miriam gewartet. Beide wollten dann aber nicht länger ausharren. Das Haus war dunkel. In der Umgebung war alles ruhig. Da waren beide – unabhängig voneinander – zum Haus geschlichen. Ben war vorsichtig von der linken Seite aus ums Haus herumgegangen, Frank von der rechten. So hatten sie sich jetzt hinter dem Haus getroffen.

»Wer weiß, wo Miriam schon wieder steckt?«, fragte sich Frank im Flüsterton. »Wir gehen trotzdem rein, oder?«

Das war auch Bens Meinung.

Er war am Nachmittag noch bei Thomas vorbeigegangen, hatte sich einen Bund Schlüssel sowie einen Dietrich geben lassen. Thomas hatte ihm ausführlich gezeigt, wie man damit eine Tür öffnen konnte. Darin war Thomas wirklich ein Spezialist. Es war schwierig für Ben gewesen, sich alles zeigen zu lassen und Thomas gleichzeitig davon zu überzeugen, dass er nicht mitgehen durfte.

Zur Sicherheit hinterließ Ben einen Briefumschlag, in dem auf einem Zettel geschrieben stand, wohin er, Frank und Miriam gehen wollten. Miriam hatte die Idee gehabt, nachdem sie diese Methode in mehreren Detektivgeschichten gelesen hatte. Ben musste Thomas versprechen ihm das Elsternest zu zeigen. Erst dann hatte Thomas sich zufrieden gegeben und versprochen, auf eine Meldung der Kinder bis zum nächsten Mittag zu warten und vorher nicht in den Umschlag zu gucken.

Ben holte den Dietrich aus der Hosentasche, stupste Frank an und sagte: »Wir versuchen es hier durch die Hintertür.«

Ben fummelte an der Tür herum und war erstaunt, wie leicht sie zu öffnen war.

»Übung zahlt sich eben immer aus«, flüsterte er Frank zu und öffnete langsam die Tür.

Beide knipsten jetzt ihre Taschenlampen an und leuchteten sich den Weg. Sie standen in einem kleinen Raum, der so ähnlich eingerichtet war wie ein Wohnzimmer. Es standen zwei Sessel darin und eine Couch, die man offensichtlich zu einem Bett ausziehen konnte. An der Wand stand ein kleines Bücherregal, das voll gestopft war mit Computerfachliteratur. Ben wollte gerade auf das Regal zugehen, als Frank ihn festhielt.

»Oh nein«, flüsterte Frank. »Fang gar nicht erst an in den Zeitschriften zu blättern. Ich habe keine Lust, hier etliche Tage zu verbringen. Wir haben etwas anderes zu tun.«

Ben seufzte schwermütig, fügte sich aber in das Unvermeidliche. Er ging voran in den nächsten Raum. Die Kinder leuchteten den Raum mit ihren Taschenlampen ab.

Ben verschlug es die Sprache. Dieser Raum war gut doppelt so groß wie der erste. Auf einer langen Arbeitsplatte standen fünf Computer. Rechts davon ging eine weitere Arbeitsplatte ab, auf der ein Laserdrucker, ein Faxgerät, ein Telefon und zahlreiche Messinstrumente standen. Darüber war eine große Pinnwand befestigt, an der zahllose kleine Zettel mit Notizen, Formeln und Computerbefehlen angeheftet waren.

Auf der gegenüberliegenden Seite des Raumes sahen die Kinder zahlreiche Bildschirme, ein weiteres Regal mit Fachbüchern sowie eine lebensgroße Schaufensterpuppe, die eine Kappe mit etlichen Kabeln auf dem Kopf trug. Die Puppe selbst war eigentlich nackt, was man aber nur vermuten konnte. Denn der Körper war ebenso wie die Pinnwand mit kleinen Notizzettelchen gespickt, auf die Befehle und Formeln geschrieben waren.

»Ich hoffe, du blickst hier durch«, stöhnte Frank. »Ich nämlich überhaupt nicht.«

»Kann man hier irgendwo Licht machen?«, fragte Ben sich selbst.

Frank reagierte.

»Warte!«, sagte er, ging zu dem einzigen Fenster, das es in diesem Raum gab, und zog ein schwarzes Rollo hinunter, das er entdeckt hatte.

»Jetzt«, sagte Frank. »Dort neben der Tür.«

Ben ging zur Tür und schaltete das Licht an. Es war nur eine schwache Glühbirne, die in der Mitte der Zimmerdecke aufleuchtete, aber das Licht reichte um alles im Raum zu erkennen.

163

Ben trat an die Computer heran, sah über sie hinweg auf die Rückseite der Geräte, bückte sich, guckte unter den Tisch und verfolgte mit dem Strahl seiner Taschenlampe die verschiedenen Wege der Kabel, die die Computer mit anderen Geräten und dem Stromnetz verbanden. Frank beobachtete seinen Freund gespannt.

»Wenn du mich fragst«, sagte Ben nach einer Weile, »der hier ist es.«

Er zeigte auf den Computer, der ganz links auf der Arbeitsplatte stand.

»Wen soll ich denn sonst fragen?«, spottete Frank.

»Also, Computer vier und fünf sind gar nicht angeschlossen.« Ben zeigte auf die Stecker, die unter der Arbeitsplatte frei schwebend hin und her baumelten.

»Computer drei ist zwar mit dem Laserdrucker und dem Faxgerät verbunden, aber nicht mit Computer zwei. Computer zwei hingegen hat erstens eine Verbindung zum Computer Nummer eins . . .«

»Aha!«, machte Frank zwischendurch. Für ihn sahen alle Computer gleich aus.

». . . und zweitens eine zur Schaufensterpuppe«, erklärte Ben weiter.

»Zur Puppe?« Jetzt war Frank doch verblüfft. Er verstand zwar nichts von Computern, aber wenn ein Computer mit einer Puppe verbunden war, dann war das sehr merkwürdig und verdächtig. Das wusste selbst Frank.

»Genau genommen nicht zur Puppe, sondern zu

der Kappe, die die Puppe auf dem Kopf hat«, ergänzte Ben.

»Aha!«, machte Frank wieder.

»Computer Nummer zwei hat also eindeutig ausführende Funktionen. Er steuert in irgendeiner Weise die Kappe. Dazu braucht er aber offensichtlich noch mehr Informationen. Die holt er sich von Computer Nummer eins, der auch eine deutlich höhere Speicherkapazität besitzt. Also: Die entscheidenden Basisdaten stecken in Computer Nummer eins.«

»Ach so«, sagte Frank und sah sich um, ob es nicht auch in diesem Raum eine Sitzgelegenheit gab. Er hatte das Gefühl, dass Bens Beschäftigung mit den Computern länger dauern würde, als er befürchtet hatte.

»Dann gucken wir doch mal.« Ben schaltete Computer Nummer eins an. Auf dem Bildschirm erschien nach einigem Flackern und den üblichen Daten, die ein Computer beim Start anzeigt, der Buchstabe C mit einem Doppelpunkt und ein blinkender Cursor.

»Er arbeitet mit einem simplen Dos-Betriebssystem. Das macht die Sache einfacher«, bemerkte Ben.

»Schön«, sagte Frank. Er zog das schwarze Rollo ein Stückchen zurück, so dass er durch einen kleinen Spalt aus dem Fenster blicken konnte. Er sah nur in die Dunkelheit. »Ich habe ein komisches Gefühl.«

Ben hörte nicht auf ihn, gab

»dir/p«

➡

in den Computer ein, betätigte die Eingabetaste
und sah sich mehrere Bildschirmseiten an, die den
Inhalt der Festplatte zeigten. Auf Bildschirmseite 3
stutzte er und las:

Exp 1.prg

Exp 2.prg

Exp 3.prg

und so weiter bis

Exp 24.prg.

»Mmh«, machte Ben und startete

Exp 24.prg.

Der Bildschirm flackerte und gab eine Fehlermel-
dung. Ben überlegte.

»Ich frage mich, warum Miriam das Zeichen nicht
gegeben hat. Es ist auch jetzt nichts von ihr zu
sehen«, grübelte Frank laut.

»Sei mal ruhig«, forderte Ben, überlegte weiter,
schnippte plötzlich mit dem Finger und schaltete
Computer Nummer zwei an.

Frank beobachtete, wie Ben nun am zweiten
Computer einige Tasten drückte. Plötzlich schrak
Frank zurück. Im Zimmer flackerte es gelb und blau.
Frank drehte sich um und sah, wie die Kappe der
Schaufensterpuppe blinkte. Gelbe und blaue Birnen
flimmerten auf dem Kopf der Puppe und verwandel-
ten das Zimmer in ein zitterndes Lichtermeer, das
Frank an die Geisterbahn auf der Kirmes erinnerte.

»Was ist denn jetzt los?«, stammelte Frank verwundert.

»Wir kommen der Sache näher«, versuchte Ben ihn zu beruhigen, aber Frank fand das ganz und gar nicht beruhigend.

»Das Licht kann man doch bestimmt von draußen sehen. Trotz der Rollos«, befürchtete er.

»Miriam wird schon aufpassen«, entgegnete Ben.

Es war immer dasselbe mit Ben, dachte Frank. Wenn der einen Computer vor der Nase hatte, vergaß er Zeit, Raum und Gefahren. Nervös ging Frank auf Ben zu.

»Wenn Miriam überhaupt noch da draußen ist!«, rief er. Zu flüstern erschien ihm jetzt in dem hellen Flackerlicht überflüssig.

»Wo steckt sie denn? Warum hat sie das Zeichen nicht gegeben? Wieso meldet sie sich nicht?«

Ben wandte sich kurz zu Frank um.

»Sollen wir jetzt aufgeben, nur weil ein paar bunte Birnchen flimmern?«, raunzte er Frank an.

Frank schwieg und ging wieder zum Fenster.

Ben wandte sich erneut den Computern zu und drückte am ersten Computer einige Tasten.

»Interessant!«, sagte er.

Frank drehte sich um.

»Schau mal!«, forderte Ben ihn auf.

Frank ging auf Ben zu und guckte über dessen Schulter auf den Bildschirm.

»Datenträger nicht auffindbar!«,

meldete der Computer.

»Was bedeutet das?«, wollte Frank wissen. Er machte sich allerdings keine großen Hoffnungen, dass er die Antwort verstehen würde.

Ben bemühte sich es leicht verständlich zu erklären.

»Dies ist ein Computerprogramm«, begann er. »Jedes Programm wird irgendwo gespeichert, damit es nicht verloren geht. Also entweder auf der Festplatte. Die ist hier drin.« Ben zeigte auf den Computer. »Oder auf einer Diskette, die man hier hineinschiebt.«

»Ja«, sagte Frank ungeduldig. »Das weiß sogar ich.«

»Aber dieses Programm hier«, erklärte Ben weiter und hob den Zeigefinger um anzudeuten, dass jetzt etwas ganz Besonderes folgen würde, »sucht einen anderen Datenträger. Wenn du mich fragst: Der gesuchte Datenträger ist der Ring!«

»Der Ring?«

»Genauer gesagt: der Stein des Ringes. Er ist gewissermaßen ein Chip, den man irgendwo hier hineinstecken kann. Das gesamte Programm ist auf dem Stein gespeichert und wird direkt von dort ausgeführt! Die Schaufensterpuppe dort ist nur eine Testfigur. Ich bin sicher, man kann die Kappe der Puppe mit dem Ring steuern und kontrollieren, ob er funktioniert – wie den Kopf eines Menschen. Deshalb blinken jetzt alle Lampen. Die Kappe wartet auf Steuerung durchs Programm.«

Frank sah verblüfft auf die noch immer blinkende Kappe der Puppe. »Wie soll denn das funktionieren? Mit einem Ring den Kopf eines Menschen steuern?«

»Wenn ich das wüsste, wäre ich ein berühmter Wissenschaftler. Genau das will Herr Waldemar ja wohl auch werden«, überlegte Ben laut. »Ich habe mal gelesen, dass der Mensch nur einen Bruchteil seines Gehirns überhaupt nutzt. Vielleicht ist es Waldemar mit dem Ring gelungen, unbekannte Teile des menschlichen Gehirns zu aktivieren. So wie du mit einer Fernbedienung den Fernseher anstellst.«

Frank fasste sich unwillkürlich an den Kopf. »Meine Birne ein Fernseher?«, staunte er.

»Nein«, beruhigte ihn Ben. »Nur das Grundprinzip könnte vielleicht so erklärt werden. Interessant wäre auch noch die Frage, wodurch das Programm in die verschiedenen Ebenen springt. Du erinnerst dich: Erst war der Ring gelb und ich konnte Dinge voraussehen, dann war er blau und ich konnte Gedanken lesen. Vielleicht gibt es noch weitere Ebenen?«

»Aber was heißt denn das nun alles?« Frank war immer noch verwirrt. »Wir wollten das Programm doch löschen!«

»Genau das ist der Punkt«, bemerkte Ben. »Das Programm lässt sich nur ändern, wenn der Stein des Ringes im Computer steckt. Ohne Ring können wir hier nichts machen.«

»Verdammt!«, fluchte Frank. »Dann war die ganze Aktion heute Nacht umsonst?«

»So ist es!«, rief eine Stimme in den Raum hinein. Ben und Frank fuhren herum und sahen zur Tür, denn von dort kam die Stimme. Sie erstarrten vor Schreck. Vor ihnen stand Kurt Waldemar im unheimlich flackernden Licht. Er hatte Miriam am Kragen gepackt und schob sie vor sich her in den Raum hinein.

»Und jetzt raus mit der Sprache!«, forderte er. »Ihr habt den Ring gestohlen. Wo ist er?«

Verrückte Träume

»Da!«, sagte Kolja und warf Jennifer eine Papiertüte zu. Jennifer fing sie auf und sah nach. In der Tüte lagen zwei belegte Brötchen und ein Apfel. Gierig griff Jennifer zu. Sie hatte furchtbaren Hunger.

»Danke!«, murmelte sie schmatzend. »Wenigstens verhungern lasst ihr mich nicht.«

»Seine Geisel muss man pflegen, sonst nützt sie einem nichts«, antwortete Kolja und bemühte sich einen Eindruck zu vermitteln, den er selbst als ›cool‹ bezeichnen würde.

»In welchem Film hast du das denn gesehen?«, fragte Jennifer schnippisch zurück.

Bloß nicht zugeben, dass du dir Gedanken um mich gemacht hast, alter Angeber, dachte sie und biss kräftig in den Apfel.

»Werd bloß nicht frech, sonst nehme ich dir das Essen wieder weg«, knurrte Kolja und setzte sich aufs Sofa.

Jennifer beobachtete ihn.

Möchte wissen, was er jetzt wirklich denkt, schoss es ihr durch den Kopf. Dann fiel ihr ein, dass sie ja die Möglichkeit hatte, das zu erfahren. Ob sie das Risiko eingehen konnte? Wenn sie einen Fehler dabei machen würde, wäre der Ring weg. Das würden ihr die anderen nie verzeihen.

Wo waren die überhaupt? Wieso versuchten die nicht sie zu befreien? Warum meldete sich niemand von ihnen? Ben, Frank und Miriam würden sie doch hier nie einfach so hängen lassen. Hatte Kolja damit etwas zu tun? In Jennifers Kopf überstürzten sich die Fragen. Sie musste einfach mehr wissen. Sie musste erfahren, was in Koljas Kopf vor sich ging. Vielleicht ergab sich daraus für sie eine Fluchtmöglichkeit. Lange wollte sie jedenfalls nicht mehr in diesem dunklen Keller bleiben.

Zeit gewinnen!, dachte Jennifer. *Ich muss erst einmal Zeit gewinnen um zu überlegen, wie ich den Ring unbemerkt auf ihn richten kann.*

»Hast du auch was zu trinken?«, fragte sie. Ihr fiel im Moment nichts Besseres ein, um mit Kolja ins Gespräch zu kommen, der nur schweigend dasaß. Außerdem hatte sie wirklich Durst.

»Nee, hab ich nicht«, antwortete Kolja knapp.

»Seit elf Stunden hocke ich hier ohne einen Schluck zu trinken«, beschwerte sich Jennifer. »Hast du schon mal was davon gehört, dass Menschen viel schneller verdursten als verhungern?«

Kolja sah sie unentschlossen an. Jennifer hatte Recht. Sie brauchte etwas zu trinken. Andererseits gefiel es ihm nicht, sich so von einem Mädchen herumkommandieren zu lassen.

Jennifer biss wieder in ihren Apfel und hatte plötzlich eine Idee.

»Ich kann mir ja was holen«, schlug sie keck vor. »Oben im Einkaufszentrum steht doch ein Cola-Automat.«

Sie trieb ihren frechen Vorschlag auf die Spitze, indem sie entschlossen zur offenen Tür marschierte.

172

»Halt!«, rief Kolja, sprang auf und hielt Jennifer am Arm fest. »Das könnte dir so passen.«

Er machte eine kurze Pause, überlegte und sagte schließlich: »Ist gut, ich hole dir was. Hast du Geld?«

Jennifer wühlte in ihrer Hosentasche, zog zwei Markstücke heraus und gab sie Kolja. Kolja steckte das Geld ein, verschloss die Tür von außen und verschwand in den ersten Stock des Einkaufszentrums. Jennifer horchte, bis sie den Fahrstuhl hörte und sicher war, dass Kolja wirklich weg war.

Jetzt schnell! In Windeseile pulte sie den Ring aus dem Mund, legte ihn auf den Tisch und nahm sich eines der Brötchen zur Hand. Sie biss die Spitze des Brötchens ab, so dass an dieser Stelle der weiche Innenteig des Brötchens von außen sichtbar wurde. Dann bohrte sie mit dem Finger ein Loch in den weichen Teig, steckte den Ring mit dem Stein nach außen ins Loch.

Sie stutzte. Der blaue Stein des Ringes war jetzt rot! Jennifer betrachtete einen Augenblick ungläubig den Ring.

Vielleicht liegt es an dem Kellerlicht, dass er jetzt rot aussieht?

Dann machte sie weiter. Keine Zeit, sich jetzt Gedanken zu machen. Es wird schon funktionieren.

Schnell schmierte sie mit dem übrig gebliebenen weichen Teig das Loch wieder so weit zu, dass der Stein des Ringes gerade noch herausguckte. Zufrieden betrachtete Jennifer das Ergebnis ihrer Bastelarbeit: ein belegtes Brötchen, aus dem ganz unscheinbar der Stein des Ringes an der Spitze herausguckte.

Wenn sie jetzt in das andere Ende des Brötchens biss, konnte sie gleichzeitig unbemerkt den blauen Punkt auf Koljas Gesicht richten, den er ja nicht sehen konnte. Sie musste dabei nur darauf achten, mit dem Finger den Ring oder den Stein an irgendeiner Stelle zu berühren, überlegte sie sich. Schließlich musste der Ring die aufgenommenen Gedanken ja irgendwie auf sie übertragen können.

In dem Moment hörte sie schon wieder den Fahrstuhl. Kolja kam zurück.

»Hier«, sagte er und reichte Jennifer zwei Dosen Cola.

»Danke«, antwortete Jennifer, öffnete eine Dose, trank, stellte die Dose ab und nahm sich das präparierte Brötchen. Vorsichtig biss sie in das eine Ende. Dabei richtete sie heimlich den Punkt auf Kolja aus, der wieder in dem Sofa saß und ein Bier trank, das er mitgebracht hatte.

Doch was war das? Auch der Punkt auf Koljas Kopf war plötzlich nicht blau, sondern rot. Gut, wenn der Stein rot erschien, musste wohl auch der Punkt rot sein. Aber das Schlimmste: Sie konnte keine Gedanken hören!

Stattdessen sah Jennifer etwas, das sie so sehr verblüffte, dass sie fast rückwärts auf ihren Hintern gefallen wäre: Kolja hockte als alter Mann in einem Schaukelstuhl. Er hatte lange graue Haare und trug einen ebenso grauen wie langen Rauschebart. Über seine Knie wellte sich eine dicke, kuschelige Wolldecke. Darauf lag aufgeschlagen ein großes, buntes Buch. Um Kolja, besser gesagt: um den alten Mann herum tummelte sich eine ganze Schar von Kindern jeden Alters, vom Kleinkind, das höchstens zwei Jahre alt war, bis hin zum Fünfzehnjährigen. Alle saßen mucksmäuschenstill da und lauschten den Worten, die der alte Mann mit ruhiger, tiefer Stimme aus dem Buch vorlas.

Jennifer hörte gespannt zu. Der Mann las den Kindern ein Märchen vor. Es war keines dieser herkömmlichen Märchen mit Schneewittchen oder so, sondern offenbar ein modernes Märchen, mit Elfen und Gnomen, Geistern und Zauberwäldern.

Jennifer stand mit offenem Mund da, vor dem sie noch immer das Brötchen hielt ohne aber davon abzubeißen.

»Ist etwas mit dem Brötchen?«, hörte sie von irgendwoher Koljas Stimme.

Sie beobachtete noch immer dieses seltsame Schauspiel mit dem Märchenonkel und ließ vor lauter Staunen allmählich die Hände mit dem Brötchen sinken. Der rote Punkt verschwand von Koljas Kopf.

Jennifer zwinkerte einige Male mit den Augen.

Kein Zweifel: Der alte Märchenonkel war verschwunden. Vor ihr auf dem Sofa saß wieder der Kolja, den sie kannte.

»Was ist los? Ist das Brötchen schlecht oder was?«, brummte er sie an.

Jennifer hatte sich wieder ein wenig gefasst: »Nein, nein«, stammelte sie. »Alles in Ordnung. Ich hatte nur plötzlich einen schlechten Traum.«

»Einen Traum?«, wunderte sich Kolja. »Aber du bist doch wach!«

»Na und? Hast du nie Tagträume?«, fragte Jennifer.

»Nein!«

Mit diesem Thema kann ich ihn vielleicht eine Zeit lang aufhalten, dachte Jennifer. *Dann versuche ich es mit dem Ring noch mal.*

Sie sagte: »Das glaube ich dir nicht. Jeder Mensch hat Träume, auch am Tage. Ich wette, du träumst manchmal davon, ein Boxchampion zu sein oder so etwas. Oder vielleicht sogar ein Westernheld.«

»Quatsch!«, murmelte Kolja. »Ich träume nicht.«

Jennifer hob wieder das Brötchen, nahm noch einen Bissen und richtete den roten Punkt auf Koljas Stirn aus. Sofort entstand das gleiche Bild. Ein alter Märchenonkel saß im Kreise von vielen Kindern und las ihnen ein Märchen vor.

Das gibt es doch nicht!, fluchte Jennifer innerlich. *Was sind das für verrückte Bilder? Wo sind Koljas Gedanken geblieben?*

Und wieder erkannte sie Kolja in dem alten Mann.

Jennifer ließ die Hände sinken, der Punkt und damit der Märchenonkel verschwanden. Jennifer grübelte weiter. Ihre Gedanken purzelten heftig durcheinander. Sie konnte sich nicht erklären, was sie dort gerade gesehen hatte.

Plötzlich, eigentlich mehr um die Ruhepause zu beenden und um überhaupt etwas zu sagen, fragte sie Kolja: »Du träumst nicht? Hast du auch nie an Märchen geglaubt? So als kleiner Junge, meine ich.«

Kolja schnellte mit dem Kopf hoch und sah Jennifer mit großen Augen an.

»Märchen?«, hauchte er. »Wie kommst du gerade auf Märchen?«

Jennifer zuckte mit den Schultern. »Na ja, Märchen sind doch auch Träume, gewissermaßen. Also, ich habe früher immer an Märchen geglaubt. Und manchmal finde ich es sogar schade, dass ich es nicht mehr tue. Ich finde, manche Märchen sind so schön, die könnten ruhig wahr sein.«

»Du magst Märchen?«, fragte Kolja nach.

»Ja«, gab Jennifer zu. »Ich mag Märchen. Vor allem moderne Märchen. Was ist schon dabei? Ich weiß, du großer starker King findest das wieder alles albern. Aber ich mag die eben.«

»Du bist auch eine von denen, die glauben mich gut zu kennen, oder?«, brüllte Kolja plötzlich los. »Alle glauben mich perfekt zu kennen. Wird in der Schule was geklaut: Klar, das war doch Kolja. Kriegt einer was auf die Rübe, bekomme sofort ich die Schuld. Aus mir wird nie was, sagen die Lehrer. Ein echter Krimineller! Ha, wenn die wüssten!«

»Wenn die was wüssten?«, fragte Jennifer nach und setzte sich auf die Kiste gegenüber dem Sofa. Dann nahm sie noch einen großen Schluck Cola und hielt Kolja den Rest hin, weil er sein Bier schon ausgetrunken hatte.

Kolja nahm ihre Cola-Dose und trank sie aus.

Jennifer öffnete die zweite Dose. Dann fiel es ihr wie Schuppen von den Augen. Der Märchenonkel, den sie gesehen hatte, war ein Traum. Koljas Traum!

Jennifer spürte, wie ihr Herz vor Aufregung schneller schlug. Verstohlen sah sie zu Kolja. Sie bemühte sich ihre innere Aufregung vor ihm zu verbergen.

Mit dem Ring konnte man plötzlich Träume sehen!

Jennifer wusste nicht, wie das funktionierte, aber sie erinnerte sich an Bens Erzählungen. Der Ring hatte schon einmal seine Funktion gewechselt. Erst gab es einen gelben Punkt und Ben konnte sehen, was die Menschen *tun* werden. Dann änderte sich die Farbe. Der Punkt wurde blau und man konnte mit dem Ring *Gedanken lesen*. Jetzt zeigte er eine rote Farbe und sie sah die *Träume* anderer Menschen! Der Ring hatte wieder die Ebene gewechselt. Vielleicht hatte er sich verändert, als sie ihn in den Mund gesteckt hatte?

Jennifer wollte Gewissheit. Sie musste vorsichtig sein, sonst würde Kolja überhaupt nichts mehr erzählen.

»Du magst Märchen auch, nicht wahr?«, fragte sie leise.

Kolja hob langsam den Kopf und sah sie misstrauisch an.

Jennifer machte weiter: »Du spielst im Haus der Jugend auch nicht Theater, weil du der Prinz sein willst, sondern weil du Märchen magst!«

»Und wenn das so wäre?«, fragte Kolja argwöhnisch nach.

»Dann wäre das prima«, versuchte Jennifer ihm Mut zu machen. »Das hätte ich ehrlich gesagt zwar nie gedacht: Aber dann haben wir etwas gemeinsam.«

Kolja ließ ein kurzes Lächeln aufblitzen. »Ja«, sagte er. »Dann haben wir vielleicht etwas gemeinsam.«

»Warum machst du daraus solch ein Geheimnis? Was ist denn dabei, wenn man Märchen mag?«

Jetzt lachte Kolja böse auf.

»Du hast ja keine Ahnung«, raunzte er Jennifer an. »Du bist immer das brave Mädchen. Gut in der Schule. Gutes Elternhaus. Wenn du einen Fehler machst, war's eben ein Fehler. Schnell verziehen. Wenn ich einen Fehler mache, dann ist das typisch! Das ist der Unterschied!«

Jennifer verstand ihn nicht. »Was hat das mit den Märchen zu tun?«

»Eine ganze Menge«, platzte es aus Kolja heraus. »So einer wie ich hat keine Chance. Kein Lehrer verzeiht mir etwas. Bei mir zählt der Kaufmann das Geld drei Mal nach. Wenn ich in ein Kaufhaus gehe, habe ich sofort drei Kaufhausdetektive auf dem Hals. Wenn ich den Schulhof betrete, machen alle Schüler einen Bogen um mich. Aus Angst.«

»Kein Wunder«, antwortete Jennifer ehrlich. »Sie haben in der Regel von dir ja auch eine Menge zu befürchten.«

»Ja, ich bin das, was alle ohnehin von mir glauben. Ich bin der Böse, denken sie. Also kriegen sie den Bösen. Ich nehme mir, was ich brauche, denn von selbst gibt mir keiner was. Kein Geld und keine guten Zensuren. Egal, was ich mache.«

»Und die Märchen?« Jennifer verstand den Zusammenhang noch immer nicht.

»Ein Bandenchef und Märchen?« Kolja lachte höhnisch. »Findest du, dass das zusammenpasst? Glaubst du, die Jungs hören auf einen Märchenonkel?«

»Du wärst gerne einer, oder?«, fragte Jennifer direkt.

»Mein Opa war einer«, erzählte Kolja. »Und zwar ein sehr guter. Als ich klein war, haben sich die ganzen Kinder der Nachbarschaft bei ihm um den Sessel versammelt und seinen Märchen gelauscht. Ich habe ihn bewundert. Wie er die Leute in seinen Bann gezogen hat. Alle haben ihm zugehört. Stundenlang.«

Der Traum!, schoss es Jennifer durch den Kopf. *Genau das habe ich eben gesehen!*

»Und dann ist er gestorben!« Kolja spuckte in die Ecke. »Einfach so. Von einem Tag auf den anderen.«

Kolja wischte sich schnell eine Träne aus dem Augenwinkel, zog die Nase hoch und rotzte noch einmal in die Ecke.

»Was soll's?«, sagte er weiter. »Warum erzähle ich dir das alles überhaupt. Ist doch ohnehin egal. Du hast gegessen und getrunken. Ich muss jetzt los.« Kolja stand auf und wollte zur Tür gehen.

»Oh nein!« Jennifer sprang auf. Diesmal war sie es, die ihn am Gehen hinderte. »Du kannst nicht gehen!«

»Wieso nicht?«, wollte Kolja wissen.

»Weil wir noch einiges zu tun haben!«

Und dann erzählte Jennifer Kolja eine Geschichte, die Geschichte von dem Ring der Gedanken und welche Folgen es haben würde, wenn jeder jedem in die Gedanken gucken konnte.

Das Ende der Träume

Kurt Waldemar ging in dem Arbeitszimmer des Gartenhäuschens auf und ab. Er war zu erregt um einen klaren Gedanken zu fassen und wusste nicht so recht, was er tun sollte. Ben, Frank und Miriam saßen in einer Ecke des Raumes auf Klappstühlen, die ihr Lehrer ihnen aufgestellt hatte.

Eine Stunde lang hatte Waldemar die Kinder ausgefragt und immer nur die gleiche Antwort erhalten: Sie hatten den Ring gefunden, beschlossen ihn zu vernichten, weil sie nicht wollten, dass jeder in ihren Gedanken lesen konnte, und nun hatte Jennifer den Ring in ihrem Besitz. Aber wo die war, wussten die Kinder nicht.

Letzteres war die einzige Lüge, die die Kinder ihrem Lehrer aufgetischt hatten. Sie wollten verhindern, dass Kurt Waldemar zu dem Keller fuhr, den Ring an sich nahm und ihre ganze Mühe vergeblich gewesen wäre.

Kurt Waldemar rieb sich nervös die Hände.

Drei Jahre lang hatte er an dem Projekt geforscht, die ganzen vorbereitenden Forschungen in Biologie, Medizin und Informatik nicht mitgerechnet. Dann endlich hatte er das Programm fertig gehabt. Ein Programm, mit dem man in die Gedanken und Träume der Menschen gucken konnte. Jetzt hatte diese Rasselbande den Ring. Seine jahrelange Arbeit war in Gefahr. Er musste handeln.

Die Kinder haben gar nichts von den Träumen erzählt!, dachte Waldemar. Vermutlich hatten sie noch nicht erfahren, dass das die letzte Stufe des Programms war. Waldemar behielt dieses Geheimnis für sich.

Er dachte angestrengt nach, was er mit den Kindern machen sollte. Er konnte sie doch nicht einfach festhalten. Schließlich war er ihr Lehrer. Alles würde auffliegen und statt Ruhm und Reichtum würde er sich nur eine Menge Ärger mit der Schulverwaltung einhandeln.

Aber er konnte sie auch nicht laufen lassen ohne vorher den Ring bekommen zu haben. Wer wusste, was an ihrer Geschichte stimmte?

Der Wilde wischte sich den Schweiß von der Stirn.

»Also noch mal«, begann er mit gequält ruhiger Stimme. »Dieser Ring ist enorm wichtig für mich. Sagt mir, wo er ist!«

Ben, der zwischen Miriam und Frank saß, sah sich nach links und rechts um. Frank und Miriam sahen schweigend zu Boden. Miriam malte mit den Füßen Kreise auf den Fußboden. Frank hielt seine Hände gefaltet und spielte mit seinen Daumen. Ben sah Herrn Waldemar an.

»Wir wissen es nicht!«, sagte Ben.

»Verdammt nochmal!«, schrie Kurt Waldemar und drohte die Fassung zu verlieren. »Wisst ihr überhaupt, wie viel Arbeit darin steckt?«

»Ja«, antwortete Ben ruhig.

»Nein!«, brüllte Herr Waldemar. »Das wisst ihr nicht!«

»Doch«, behauptete Ben.

»Du hast doch keine Ahnung!«, schimpfte Waldemar.

»Und wenn schon«, schaltete sich jetzt Miriam ein. »Warum wollen Sie denn unbedingt in die Gedanken der Menschen gucken? Das geht Sie doch gar nichts an.«

Kurt Waldemars Kopf lief rot an. Er baute sich vor Miriam auf und wippte auf den Zehenspitzen.

Gleich platzt er, befürchtete Miriam.

»Weil . . .«, grunzte Herr Waldemar heraus und drohte an dem Wort zu ersticken. Er holte Luft und begann von vorne. »Weil . . .«

In diesem Moment zersplitterte Glas. Die Kinder und Herr Waldemar zuckten zusammen und wandten ihre Köpfe mit einer einzigen ruckartigen Bewegung zum Fenster. Ein Stein, der offenbar durch die Glasscheibe geflogen war, kullerte unter dem Rollo hervor auf den Boden.

»Waldemar, du miese Socke«, hörten die vier jemanden von draußen rufen. »Jetzt bist du fällig. Ich habe den Ring!«

Kurt Waldemar schluckte. Ben, Frank und Miriam sahen sich verblüfft an. Das war Koljas Stimme!

Waldemar stürzte zum Fenster, riss das Rollo beiseite und schaute durch das Loch in der Glasscheibe nach draußen.

»Wer wagt . . .?«, wollte er fragen.

Aber Kolja brüllte weiter. »Hier ist der Ring! Ich will Geld sehen, wenn du ihn wiederhaben willst. Sonst kann ich auch andere schicke Dinge damit anstellen. Zum Beispiel herumerzählen, dass du was mit der Krützdoof hast! Das sollte doch ein Geheimnis bleiben, oder? Ich kenne noch mehr deiner schmutzigen Gedanken!«

»Das darf doch nicht wahr sein!«, fluchte Waldemar, nahm einen Klappstuhl, schmiss ihn in den Rest der Scheibe und sprang durch das nun glaslose Fenster nach draußen. Er war so erregt, dass er überhaupt nicht daran dachte, dass er auch die Tür hätte nehmen können.

Die Kinder sprangen auf und verfolgten Waldemar mit den Blicken, wie er mit wild fuchtelnden Händen Kolja in den Wald hinterherlief.

»Was ist?«, fragte jemand von hinten. »Habt ihr das Programm nicht knacken können?«

Miriam und Ben fuhren herum.

»Jennifer!«, schrie Miriam.

Jennifer stand in der Tür und grinste.

»Aber wie . . .?«, fragte Ben.

»Aber was . . .?«, fragte Frank.

»Aber wer . . .?«, ergänzte Jennifer verschmitzt. »Wer hätte das gedacht, dass Kolja mal unser Verbündeter wird?«

»Unser Verbün. . .?« Frank wollte das Wort nicht über die Lippen, wenn es um Kolja ging.

In Stichworten erzählte Jennifer, was vorgefallen war: dass man mit dem Ring jetzt plötzlich Träume sah, dass sie Koljas geheimen Traum gesehen hatte und dass sie dann über Märchen sprachen, die sie beide mochten. Sie berichtete, wie sie Kolja schließlich gefragt hatte, was er davon hielte, wenn plötzlich jeder in seinen Gedanken und Träumen lesen könnte. Er hatte es genauso abgelehnt wie Jennifer, Miriam, Ben und Frank zuvor.

»Und dann«, fuhr Jennifer nicht ganz ohne Stolz fort, »haben wir beschlossen, dass es Unsinn ist, sich um den Ring zu streiten. Stattdessen sollten wir lieber gemeinsame Sache machen um den Ring zu vernichten. Auch wenn wir sonst nicht gerade dicke Freunde sind.«

»Nicht gerade Freunde ist gut«, prustete Frank los. »Er ist unser größter Feind.«

»Der aber jetzt auf unserer Seite steht. Wie du siehst, hat er Herrn Waldemar hier weggelockt«, entgegnete Jennifer.

»Ja, bloß leider mit dem Ring!«, seufzte Ben. »Und ohne Ring kommen wir nicht an das Programm heran.«

»So blöd bin ich nun auch wieder nicht«, strahlte Jennifer, öffnete den Mund, pulte den Ring aus ihrer Zahnlücke und gab ihn Ben. »Kolja glaubt noch immer, dass einer von euch den Ring hat.«

Ben hielt staunend den Ring in seinen Händen. Der Ring war rot! Als Ben ihn das letzte Mal gesehen hatte, war er noch blau gewesen.

»Eine neue Ebene!«, stellte Ben fest. Dann fragte er Jennifer: »Was hast du mit dem Ring gemacht? Wodurch hat er sich verändert?«

Jennifer zuckte die Schultern. Sie hatte nichts Besonderes mit dem Ring gemacht, außer dass sie ihn im Mund versteckt hatte.

Ben grübelte.

Frank sah Jennifer bewundernd an. Zwar hatte sie mit Kolja gemeinsame Sache gemacht, aber das Misstrauen war doch zu groß gewesen um ihm anzuvertrauen, dass sie die ganze Zeit den Ring gehabt hatte. Sie war darauf gefasst gewesen, dass Kolja beim Anblick des Ringes sein Versprechen plötzlich wieder rückgängig gemacht und ihr den Ring weggenommen hätte. Deshalb hatte sie ihn bis zum Schluss in ihrem Mund versteckt.

»Gut zu wissen, wie vorsichtig man sein muss, wenn man mit dir einen Pakt schließt«, lächelte Frank. »Aber woher wusstest du überhaupt, dass wir hier sind?«

»Das war eine knappe Sache«, schilderte Jennifer. »Ich habe bei Ben angerufen. Dort hieß es, er sei bei dir, Frank. Als ich bei dir zu Hause angerufen habe, sagten deine Eltern: Du seist bei Ben. Da wusste ich, es ist etwas im Busch, und habe gar nicht erst bei Miriam angerufen. Denn bestimmt hatte sie erzählt, sie sei bei mir.«

Miriam grinste.

»Sag ich doch: alter Party-Trick. Wir beide kennen ihn.«

»Allerdings«, lächelte Jennifer zurück. »Dann endlich hatte ich die Idee. Wenn ihr unterwegs seid, braucht ihr vielleicht wieder die Hilfe von Thomas. So war es dann ja auch. Hat mich ganz schöne

Überredungskunst gekostet, dass er den Umschlag vorzeitig öffnet.«

»Der gute Thomas!«, murmelte Ben vor sich hin.

»Aber was ist denn jetzt?«

Miriam versuchte die Sache wieder auf den Punkt zu bringen.

»Wir haben den Ring. Also, Ben. Tu doch endlich etwas am Computer.«

»Stimmt«, schrak Ben auf. »Es wird Zeit, bevor der Wilde zurückkommt.«

»Zu spät!«

Die Kinder wandten sich erschrocken um.

In der Tür stand Kurt Waldemar.

»So leicht trickst ihr mich nicht aus. Ich habe mich gefragt, weshalb Kolja wegläuft, wenn er doch Geld von mir will. Da ahnte ich schon, dass er den Ring gar nicht hat. Gerade noch rechtzeitig, wie mir scheint. Also her damit.«

Ben, der noch immer den Ring in der Hand hatte, sah sich Hilfe suchend nach allen Seiten um. Was sollte er jetzt machen, damit der Wilde nicht an den Ring kam? Gab es eine Fluchtmöglichkeit?

Ben suchte mit den Blicken den Raum ab, sah ihn aber plötzlich nicht mehr. Stattdessen tat sich vor ihm ein eigenartiges Bild auf:

Herr Waldemar hatte plötzlich ein weiß geschminktes Gesicht, aus dem eine dicke rote Pappnase leuchtete. Seine Wangen hatten grüne Kleckse, die Augen waren mit einem kräftigen Lila ummalt. Orangefarbene Haare kräuselten sich wirr bis

188

hinab auf die Schultern. Statt des langweiligen grauen Jacketts trug Herr Waldemar eine rot-gelb karierte Jacke, die ihm mindestens drei Nummern zu groß war. Darunter schlabberte dem Erdkunde- und Mathematiklehrer eine viel zu weite, grün-rosa gestreifte Hose um die Beine, die an etlichen Stellen mit bunten Fetzen geflickt war. Noch schlimmer aber waren die Schuhe, die Ben auf Größe 65 schätzte und aus deren Sohlen kleine, gelbe Quiet-sche-Entchen herausguckten.

Ben schüttelte sich und sah noch einmal genau hin. Es hatte sich nichts geändert. Vor ihm stand noch immer Herr Waldemar in einem perfekten Clownskostüm. Aber das war noch nicht alles. Ben hörte das Fauchen von Tigern, das Trompeten von Elefanten und das Händeklatschen von Hunderten von Menschen.

Mit großen Augen und offenem Mund schaute Ben sich noch mal im Raum um. Er stand mitten in der Manege eines großen Zirkus. Hoch oben in der Zeltkuppel schwangen sich Trapezkünstler durch die Lüfte. Über dem Ausgang spielte eine Fünf-Mann-Kapelle ein flottes Musikstück. Herr Waldemar, oder besser gesagt der bunte Clown verbeugte sich nach allen Seiten und genoss den tosenden Beifall der Zuschauermenge.

Ben konnte das alles nicht fassen. Wo war er? Woher kam dieser Zirkus? Woher diese ganzen Menschen? Wie konnte sich Herr Waldemar so schnell als Clown verkleiden?

Der Traum!, schoss es ihm durch den Kopf.

Jennifer hatte von Träumen erzählt, die man jetzt mit dem Ring sehen konnte. Sein Lehrer Kurt Waldemar hatte den Traum, Clown in einem riesigen Zirkus zu sein!

Neben dem Clown standen mehrere Artisten, die mit Keulen jonglierten. Sie warfen sich die Keulen quer durch die Manege zu, während der Clown zum allergrößten Vergnügen der Zuschauer in der Mitte umherirrte und versuchte eine der Keulen zu erhaschen.

Das war die Idee! So konnten sie den Ring vor dem Wilden retten!

Ben schloss seine Faust um den Ring. Das Zirkusbild verschwand, Kurt Waldemar war wieder der normale Waldemar, der auf Ben zuging und energisch den Ring forderte.

»Frank, aufgepasst!«, schrie Ben.

Frank wandte blitzschnell den Kopf zu Ben.

»Basketball!«, brüllte Ben, während Herr Waldemar nur noch einen Schritt vor Ben war.

Frank verstand sofort. Basketball war die einzige Sportart, die Ben wirklich mochte. Oft hatten die beiden deshalb schon zu zweit auf dem Sportplatz um den Korb gespielt. Und als ständiges Training warfen sich die beiden Jungen oft auch auf dem Schulweg irgendwelche Dinge zu. »Basketball!«, lautete das Stichwort immer nur und schon flog etwas durch die Luft, das der andere fangen musste.

Ben schleuderte den Ring in Franks Richtung. Frank parierte, fing den Ring, sprang drei Schritte beiseite und rief wieder: »Basketball, Mädchen. Macht mit!«

Die Mädchen kapierten! Mit zwei, drei wendigen Schritten hatten die Mädchen sich freigestellt, so dass sie jetzt ein Viereck um Herrn Waldemar bildeten, der sich verwirrt um die eigene Achse drehte wie eben noch der Clown in der Manege in Waldemars Traum.

»Hepp!«, rief Frank und deutete einen Wurf zu Miriam an. Kurt Waldemar hechtete in die Richtung. Aber Frank hatte nur getäuscht und warf den Ring zu Jennifer, während Kurt Waldemar stöhnend zu Boden fiel.

»Lasst das!«, fluchte er.

»Kommt Ihnen das nicht bekannt vor, Herr Waldemar?«, fragte Ben.

Der Wilde stürzte auf Jennifer los. Der Ring flog zu Miriam. Waldemar schlug einen Haken, sprang auf Miriam zu. Der Ring flog bereits zu Frank.

»Sollen wir Beifall klatschen, Herr Waldemar? Wie das Publikum in der Manege?«

Kurt Waldemar stoppte und sah Ben erstaunt an, schüttelte sich kurz und sprang zu Frank hinüber. Der Ring flog zu Ben.

»Fangen Sie den Ring!«, forderte Ben ihn listig auf. »Oder können Sie das nur mit Keulen?«

Wieder erstarrte Waldemar.

»Mein Traum!«, krächzte er und keuchte außer Atem. »Du kennst den Traum?«

»Natürlich!«, antwortete Ben. »Ich habe ja den

Ring! Jeder kennt Ihren Traum! Jeder, der den Ring hat. Seht ihn euch an!«

Dann warf er den Ring zu Jennifer.

»Nein!«, brüllte Waldemar und versuchte vergeblich den Ring zu fangen. »Das geht euch nichts an!«

»Oho! Herr Waldemar ist ein Clown!«, höhnte Jennifer, die den roten Punkt auf Herrn Waldemars Kopf gerichtet hatte.

Jennifer bekam Mitleid mit ihm. Einen kurzen Moment hielt sie inne. Doch sie spürte, dass sie durch das Spielchen, das Ben begonnen hatte, auf dem Weg waren, den Kampf um den Ring zu gewinnen. Sie entschloss sich weiterzumachen. Zumindest noch eine kleine Weile.

»Schau mal, Miriam!«, sagte sie und warf ihr den Ring zu.

Herr Waldemar sackte in der Mitte des Raumes zusammen.

»Das könnt ihr nicht machen!«, jammerte er. »Mein Kindheitstraum! Jahrelang habe ich nicht mehr daran gedacht.«

Er legte eine kleine Pause ein, während Miriam schweigend den Ring zu Frank warf, nachdem sie kurz den Traum ihres Lehrers gesehen hatte.

Herr Waldemar setzte sich in die Mitte des Vierecks, das die Kinder bildeten, auf den Fußboden.

»Ich durfte niemals Clown sein. Ich durfte nicht einmal daran denken«, sinnierte er. »Seit ich als Kind den Wunsch geäußert hatte, haben mich meine Eltern nicht mal mehr in den Zirkus gelassen.

So habe ich mich irgendwann damit abgefunden und bin Lehrer geworden. Ich hatte den Traum schon fast vergessen.«

»Aber jetzt ist er wieder da«, bemerkte Miriam, die das Wurfspiel mit dem Ring unterbrochen hatte, indem sie den Ring Ben zurückgab und sich hinhockte um auf gleicher Höhe mit Herrn Waldemar zu sein. Trotzdem wahrte sie einigen Abstand.

»Jeder kann den Traum wieder zum Leben erwecken«, ergänzte Jennifer. »Durch Ihren eigenen Ring.«

»Wir wollen das nicht!«, forderte Frank entschieden.

Herr Waldemar protestierte noch einmal energisch: »Aber er ist eine wissenschaftliche Revolution. So etwas hat es noch nie gegeben. Ich habe es entdeckt. Tausendmal ist es fehlgeschlagen. Aber ich habe die Zähne zusammengebissen und weitergemacht. Es hat micht fast krank gemacht. Doch dann hat es eines Tages endlich geklappt! Das Programm funktioniert! Ich allein habe es entdeckt. Ich muss es der Öffentlichkeit vorstellen!«

Ben hatte aufmerksam zugehört. Ein bisschen konnte er Herrn Waldemar verstehen. Ben hatte generell eine hohe Achtung vor wissenschaftlichen Leistungen. Aber ihr Entschluss stand fest. Niemand sollte in ihren Gedanken wühlen. Der Ring musste vernichtet werden.

Und dann gingen Ben nochmals Waldemars Sätze durch den Kopf: »... *Zähne zusammengebissen ... hätte mich beinahe krank gemacht ...*« Die

⬇ Worte hämmerten in Bens Kopf wie ein Trommelwirbel.

»Zähne ... krank«. *Darin liegt die Lösung*, dachte Ben. *Wann hatte der Ring sich verändert? Als seine Mutter krank war und er das Fieberthermometer zerbrach. Und Jennifer hatte den Ring in ihrem Mund versteckt. Was hatten das Thermometer und Jennifers Mund gemeinsam?*

»Aber natürlich!«, brüllte Ben laut los und schlug sich mit der Hand vor den Kopf. Er sprang auf und raste zum Computer. Herr Waldemar und die Kinder blickten Ben verdutzt hinterher. Ben schob den Stein des Ringes in die entsprechende Öffnung des Computers und war dabei, das Programm aufzurufen.

»Was hast du vor?«, rief Herr Waldemar entsetzt.

Ben hörte nicht auf ihn. Nachdem das Programm aufgerufen war, kroch Ben unter den Tisch und hantierte an den Steckdosen herum.

»Das darfst du nicht tun!«, schrie Herr Waldemar und sprang panisch auf. Frank machte einen energischen Schritt zur Seite und stellte sich damit Herrn Waldemar in den Weg.

»Weg da!«

Kurt Waldemar versuchte Frank beiseite zu schubsen.

Frank wehrte den Angriff durch eine schnelle Handbewegung ab und setzte einen gezielten Tritt, den er in den vergangenen Tagen Hunderte Male wegen des Wettkampfes geübt hatte, gegen Waldemars Schienbein.

Der Wilde schrie auf, bückte sich und rieb sich

mit den Händen das Bein. Erstaunt und wütend schaute er zu Frank auf.

»Du wirst mich nicht davon abhalten!«, fauchte er.

Wieder schrie er gellend auf, als ihn von hinten ein heftiger Schlag in die Kniekehle traf. Kurt Waldemar knickte ein, schaute sich um und sah, was die anderen riefen: »Kolja!«

Breitbeinig und mit erhobenen Fäusten stand Kolja plötzlich hinter Herrn Waldemar. Niemand hatte ihn kommen sehen, weil alle gebannt auf Ben, Frank und den Wilden geschaut hatten.

»Mit uns beiden werden Sie schon größere Probleme haben, Herr Waldemar«, sagte Kolja knapp.

»Damit werde ich auch noch fertig«, entgegnete der Lehrer.

In dem Moment schlugen helle Funken durch den Raum. Die Computer knisterten, knackten und surrten. Die Kinder sprangen instinktiv beiseite.

Herr Waldemar stand nur still da und starrte mit weit aufgerissenen Augen auf seine Computeranlage.

»Erledigt!«, gab Ben bekannt. »Kurzschluss. Da hätte ich auch eher drauf kommen können.«

Dem Lehrer klappte das Kinn hinunter.

»Und jetzt ist das Programm vernichtet?«, vergewisserte sich Frank.

»Allerdings!«, versicherte Ben. »Das war die Achillesferse des Programms, nicht wahr, Herr Waldemar? Es war nicht abgesichert gegen elektrische Spannungen!«

Kurt Waldemar schlug die Hände vors Gesicht.

»Nein«, sagte er. »Das wäre der letzte Schritt gewesen.«

»Wie bist du denn darauf gekommen?«, fragte Jennifer bewundernd.

Ben lächelte.

»Durch deinen Zahn! Der hat mit dem Fieberthermometer nämlich eines gemeinsam«, dozierte er. »Du hast eine Zahnplombe. Und die enthält Quecksilber, genau wie das Thermometer. Quecksilber aber ist ein Metall, das Strom leitet. Dadurch kam es in dem Chip zu Veränderungen.

Die verschiedenen Ebenen erschienen zufällig, durch die elektrischen Spannungen! Ich habe diese elektrischen Spannungen nur auf die Spitze getrieben, indem ich einen Kurzschluss im Computer verursacht habe. So einfach ist das.«

»Meine Arbeit!«, schrie Herr Waldemar. »Ihr habt meine Arbeit vernichtet!«

»Aber unsere Träume gerettet«, antwortete Ben erleichtert.

Miriam und Jennifer brachen in Jubel aus. Freudig reckten sie die Arme gen Himmel und riefen: »Hurra! Geschafft!« Dann fielen sich beide Mädchen glücklich in die Arme.

Frank und Kolja blickten sich an. Sie sahen sich in die Augen und schwiegen. Scheinbar eine Ewigkeit standen sie sich so gegenüber. Schließlich hob Frank den rechten Arm und reckte Kolja seine flache Hand senkrecht entgegen.

Kolja blickte Frank in die Augen, sah auf Franks Hand, sah ihm wieder in die Augen. Endlich erhob auch er seinen Arm und schlug mit seiner flachen Hand gegen Franks Handfläche. Ein Zeichen, dass sie diesen Kampf gemeinsam gewonnen hatten.

Frank lächelte. Kolja nicht.

»Das heißt nicht, dass wir jetzt Freunde sind, Milchgesicht«, stellte er klar.

»Ganz gewiss nicht, Großmaul!«, stimmte Frank sofort zu. »Aber diesmal konnten wir uns nur gemeinsam retten.«

»Moment«, mischte sich Ben ein. »Da wäre noch eine Kleinigkeit.«

Kolja sah Ben misstrauisch an.

»Die Schulcomputer!«, erinnerte Ben.

Kolja guckte ihn ernst an. Jennifer ging auf Kolja zu.

»Du weißt, dass ich weiß, wo sie sind«, sagte sie streng zu Kolja. »Und du weißt, dass wir eine Abmachung haben.«

Die anderen Kinder verstanden sie nicht.

Jennifer erklärte: »Traum gegen Traum, haben wir gesagt. Wir sorgen gemeinsam dafür, dass dein Traum ein Geheimnis bleibt, Kolja. Dafür sorgst du dafür, dass die Computer zurückkommen, damit andere sich ihre Träume erfüllen können. Zum Beispiel Ben. Der will mal Programmierer werden. Um das zu wissen brauche ich nicht mal den Ring.«

Kolja grübelte. Jennifer hatte Recht. Das hatte er ihr im Keller versprochen. Und sie war die Einzige, die wusste (und ihm glaubte), dass er nicht ganz der Schurke war, für den ihn alle hielten. Ihr gegenüber wollte er kein Versprechen brechen.

»In Ordnung«, willigte Kolja schließlich ein. »Ich hab's versprochen. Ich halte Wort.«

Der nächste Morgen war für alle Kinder sehr schwer. Müde saß Ben im Unterricht und bemühte sich vergeblich seine Augen offen zu halten. Er sah hinüber zu Frank, Miriam und Jennifer. Ihnen ging es auch nicht besser.

Die vergangene Nacht war nicht nur aufregend, sondern auch sehr lang gewesen. Erst gegen vier Uhr morgens hatten sie sich schlafen gelegt, in Koljas Keller. Niemand wollte nach Hause gehen und damit ihre Ausrede vor den Eltern auffliegen lassen. Man wusste schließlich nie, wozu man den Trick noch mal anwenden konnte.

Frank gähnte und Miriam hatte ihre Schultasche auf dem Tisch so aufgebaut, dass sie dahinter in Ruhe ihren Kopf auf die Tischplatte legen und die Augen schließen konnte. Mit einem leisen Schnarchen schlief sie vor sich hin, wie Jennifer bemerkte, die erschöpft ihren Kopf auf eine Hand gestützt hielt und aus dem Fenster sah.

Möchte wissen, was die jetzt denken, dachte Ben.

Er stoppte kurz in seinen Gedanken und lächelte innerlich vor sich hin. *Nein, lieber doch nicht*, entschied er sich. Er hatte gründlich die Nase voll davon, in die Köpfe anderer Leute zu schauen. Und dass diese drei erschöpften, müden Schüler seine besten Freunde waren, das wusste er auch ohne einen Ring der Gedanken.

Ende

Halt! Zu sagen wäre noch, dass in den darauf folgenden Tagen aus heiterem Himmel die Schulcomputer wieder an ihrem Platz standen und – dass der Mathematikunterricht ausfiel, weil der Lehrer Kurt Waldemar fehlte. Er fehlte auch in den folgenden Wochen. Irgendwann, aber wirklich erst sehr viel später, hieß es in der Schule einmal gerüchteweise, Herr Waldemar hätte seinen Dienst als Lehrer aufgegeben und sei zum Zirkus gegangen. Aber das hat natürlich niemand geglaubt. Fast niemand.

Andreas Schlüter
»Spannend, spannend, spannend!«